圖說歷史故事

先秦

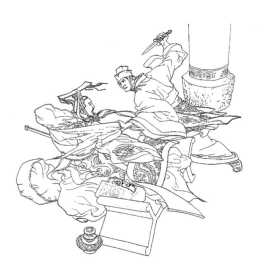

前　言

　　親愛的讀者，你們一定都很喜歡聽故事。實際上，所有的故事都可以歸為兩大類。一類是實實在在發生過的，一類是人們想像出來的。人們想像出來的故事，我們叫它童話故事、寓言故事、神話故事、傳說故事。當然，你也可以叫它上天入地故事、妖怪打架故事、蜜蜂蝴蝶故事等等，隨你樂意。然而實實在在發生過的故事，我們只能叫它「歷史故事」。

　　中國是有五千年歷史的文明古國。五千年間發生過多少驚人、感人、迷人、駭人的故事！石破天驚的巨變，腥風血雨的災難，臥薪嚐膽的修練，嘔心瀝血的追求，山高水長的情誼，出泥不染的潔淨……它們個個可歌可泣，令人永生難忘，而從這些故事中，又走出多少活生生的歷史人物。充滿智慧的姜子牙，叱吒風雲的楚霸王，氣節如虹的蘇武，料事如神的諸葛亮，精忠報國的岳飛，大義凜然的文天祥，勇抗倭寇的戚繼光，遠渡重洋的鄭和……他們個個可敬可愛，令人蕩氣迴腸。所有這些故事和人物，對一代又一代中國人產生了巨大影響。它們所呈現的內在精神，已經溶化在我們的血液中，成為中華民族文化傳統的一部分。

　　有趣的歷史故事就像一粒粒珍珠，散落在廣闊的時間長河中。這套《圖說歷史故事》，則揀取了中國歷史長河中最大、最亮、最惹人喜愛的80顆珍珠，編綴成4條閃光的項鏈，獻給所有熱愛中國歷史與文化的讀者，特別是喜歡聽故事、讀故事的孩子們。它的語言簡練流暢，故事情節曲折有趣，對眾多歷史人物有生動的刻畫，對中國歷史的發展脈絡也有清楚的交代。

　　特別值得一提的是本書的插圖。它以中國傳統繪畫技法為主，畫面大，色彩豐富，構圖變化多端。在描繪不同朝代的建築、器物和服飾時，繪者查閱了大量資料，以求具有歷史根據。其人物造型，則注重表現個性，動作活靈活現。可以說，本書243幅精美的插圖，不僅為不同故事營造了不同的歷史環境氛圍，它們本身也是值得欣賞的藝術品。

　　聽想像故事，能讓人感受快樂，享受美好童年；讀歷史故事，會使人變得智慧、勇敢，進而培養永不言敗的堅強人格。看到這本文圖雙工的《圖說歷史故事》，你一定會愛不釋手！

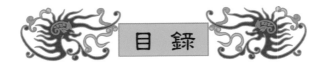

目　錄

黃帝大戰蚩尤

我們常說，中國人都是炎黃子孫。「炎」是炎帝，「黃」是黃帝，這兩人是遠古時代黃河流域兩個部落聯盟的首領。

傳說黃帝出生於壽丘，他的先祖是有熊氏。有熊氏族的首領少典娶了附寶姑娘，兩人相親相愛。有一天，附寶到野外工作，不知不覺天黑了。她正想回家，空中突然傳來雷聲。抬頭一看，只見一條彎彎曲曲的閃電掠過北方天空，接著，隆隆的雷聲驚天動地而來。附寶嚇得雙手抱頭蹲在地上，心裡卻突然飄過一種奇怪的感覺……

就從這天起，附寶懷孕了。人們都說這是上天感應的結果，生出的孩子一定不一般。

這個孩子就是黃帝。他果然與眾不同：不到一歲就會說話，稍大一些就成了萬事通，能明斷是非，並有很高的品德、傑出的才智和十分強壯的身體。因為他在姬水邊長大，

住在軒轅之丘，所以改姓「姬」，取名叫「軒轅」。

黃帝長大後做了氏族的首領。他領著人們修蓋房屋，馴養家畜，種植五穀，改變以往的游牧生活習慣，在黃河流域定居下來。他製造了船和車，方便了交通，還令倉頡創造文字。黃帝的妻子嫘祖發明了養蠶繅（音ㄠˊ）絲，她用蠶絲做成衣服，替人擋寒遮羞，男女老少都十分喜歡。

自己強盛了，別人就樂意跟從。黃帝的部落接納四方來歸附的部落，組成一個部落聯盟。這個聯盟很快就強大起來，並開始向外擴張。

當時，在中國大地上已經形成許多原始部落的聯盟。其中最為強大的，除黃帝外，還有以炎帝為首的姜姓部落聯盟，和以蚩尤為首的九黎部落聯盟。炎帝部落本來生活在靠近黃河上游一帶，為了擴大地盤，炎帝率領部落向黃河中游一帶遷移，

　　　　　　與已經生活在那裡的九黎部族

　　　　發生了衝突。炎帝不是蚩尤的對手，一場

　　惡戰下來，炎帝被殺得大敗。他只好帶著部落繼續

　　向東遷移，沒想到又跟黃帝相遇。

　　　　　為了打敗炎帝，黃帝作了長期準備。當整個部落真正做到

　　上下一心、士氣高昂時，黃帝便決定與炎帝進行最後的決戰。

　　　　　戰場選在阪泉的曠野上。黃帝率領著熊氏族、羆（音ㄆㄧˊ）氏族、貔貅（音ㄆㄧˊㄒㄧㄡ）

　　氏族、虎氏族等精幹的勇士們，浩浩蕩蕩上戰場。熊、羆、貔貅、老虎等，都是兇猛

　　的大型動物，具有無窮的力量。當時的人們十分崇拜牠們，並以牠們作為自己氏族的

　　標誌和象徵。黃帝率領這群勇猛無畏的精兵強將，與炎帝的部下展開激戰，直殺得阪

泉之野天昏地暗，鬼哭狼嚎。

　　大戰三次以後，黃帝贏得了勝利。

炎帝只好同意自己的部落與黃帝的部落合併，由黃帝擔任新部落聯盟的首領，他自己做副首領。

　　這個炎黃部落便是中華民族最早的雛形。後來中國人自稱「炎黃子孫」，就是由此而來。

　　炎黃兩個部落合併以後，天下太平，人們安居樂業。可是炎黃部落要進一步發展，就不可避免地要與同樣正在向四面擴張的蚩尤部落發生衝突。

　　傳說蚩尤性情殘暴，力大無窮，人身牛頭，有4隻眼，6隻手，頭髮豎起，根根都

像劍一樣銳利。他有81個兄弟，都生有雙角，臉上刻著花紋，十分英勇善戰。

終於，黃帝與蚩尤在涿鹿爆發了一場大戰。

傳說戰爭一開始，黃帝命令會飛的應龍截斷江河，準備用大水淹死蚩尤。不過蚩尤有呼風喚雨的本領，他跳到半空中，一聲呼嘯，頓時狂風暴雨大作，先把黃帝的軍兵淹在洪水中。黃帝趕忙請來旱神女魃（音 ㄅ
ㄚˊ），叫她用炎熱的陽光和乾燥的狂風驅散風雨。蚩尤不肯示弱，又張開大嘴瘋狂地噴煙吐霧，濃霧將天地連成濃白的一大塊，讓黃帝的軍兵全都迷失了方向。

黃帝趕忙請風伯來驅霧。可那霧實在太厚了，風伯辛苦工作了三天三夜也不能驅散。黃帝心裡正著急，突然想起北斗星是固定在一個方向上的，並不會隨著斗柄轉動。根據這個原理，他製造出一輛
指南車，帶著眾兵認清楚方向，
這才順利殺出濃霧陣。

一戰失利後，黃帝派人做了一面大鼓，又訓練了一群兇猛的野獸，決心和蚩尤決一死戰。這一次，黃帝擂起了戰鼓，士兵們趕出野獸，高聲吶喊著衝向敵人。敵人被這震耳的「雷聲」和奇怪的隊伍嚇呆了，亂了陣腳，四處奔逃。蚩尤束手無策，結果在混亂中被黃帝的軍隊俘獲。

　　由於蚩尤不肯投降，黃帝只得殺了他，然後把九黎部族併入炎黃部落。從此，黃帝成了中原地區各部落共同擁護的首領。

11

　　黃帝合併炎帝及蚩尤部落以後，成了人們公認的部落聯盟領袖。他不斷征討那些不順從的部落，使天下逐漸平靜歸一。黃帝死後過了許多年，部落聯盟的首領換了3代。最後，16歲的唐堯擔當了這個重任。

　　唐堯名叫放勳，號陶唐氏，簡稱為「堯」。他心胸開闊，才能出眾，不僅制定曆法，規定一年為366天，分春、夏、秋、冬四個季節，並根據季節安排農牧業生產和漁獵活動。他還選拔出有才能、德行好的人來幫助自己治理天下：讓羲、和兩人分管天地，派羲仲、羲叔、和仲、和叔，分別掌管東、南、西、北四方。堯把一切都安排得井井有條。

　　可是，接連而來的大洪水卻讓他十分頭疼。洪水沖垮了房屋，淹沒了田地，淹死了很多人，還把毒蛇、猛獸趕出了山谷林莽，來跟人們爭奪僅有的高地。好不容易從洪水中死裡逃生的人們在高地上剛要喘口氣，猛然發現老虎、豹子、蟒蛇等也都逃到高地上，正睜大眼睛，瞪著幾乎赤裸身體的人們。這使人們的處境更加艱難，時時都有生命危險。堯心裡很著急，希望找一個合適的人總管水事，便召集各個首領商議治理洪水的辦法。

　　鯀（音ㄍㄨㄣ）被推舉出來擔當重任，他使用的治水方法是堵。哪裡發生洪水，他就在那裡指揮人們挑土運石，用石塊和泥土壘牆築壩，希望把水堵住。但洪水實在太兇猛了，它跟堤壩比賽著往上漲。鯀很頑強，看見水漲上來了，就馬上加高堤壩，於是水高堤也高。被擋在堤壩裡的洪水，像是被關在籠子裡的猛獸，只要找到一個缺口，就會破籠而出，奔騰咆

哮，不可收拾。結果鯀辛苦9年，堵了東頭西頭垮，堵了西頭東頭塌，只落得勞民傷財，一事無成。

治水用人不當，這是堯當首領幾十年中一個不小的失誤。

這一年，堯86歲了。他想，天下是天下人的天下，必須由品德優異、才能卓著而且健康有力的人來掌管才行，現在就該找這樣一個人來代替自己了。

於是他發出公告，讓人們推薦賢能的人。不久，一個叫舜的青年被舉薦出來。

舜姓姚，名叫重華。他的父親
叫瞽（音ㄍㄨˇ），是個瞎子，母親早已去世，
但他真正的不幸卻是從後母生了弟弟象後開
始的。瞽是個糊塗蟲，寵愛繼室的兒子象。
象生性頑劣，知道父母不喜歡哥哥，便經常
添油加醋地說哥哥的壞話，使兩老更把舜當
成眼中釘，老想害死他。儘管父母虐待，弟
弟仇視，舜依然對父母十分孝順，對弟弟也
非常友善。

　　堯聽了人們的介紹，心裡暗暗讚許，但
還是決定先考驗考驗舜。為了觀察和證實
舜的品德，堯把自己的女兒娥皇和女英
嫁給舜，並派他去做各種工作。

　　舜帶著兩個妻子到歷山腳下
去種田，那裡的人為爭奪土地
曾經打得頭破血流，但在舜
的影響下，大家都懂得互
相謙讓了。舜到雷澤打
魚，那裡的人便向舜
學習，都爭著把最好
的房屋和捕魚場地
讓給別人。舜到黃
河邊燒製陶器，
那裡的陶工受到
舜的啟發，做出
的陶器比以前
精美了許多。

於是，舜每
到一個地方，大
家就追隨而去。
經過一年的工夫，
那裡成了村落，
2年後變成鄉鎮，3年後
居然成了有圍牆的城市。堯很高興，就給了
舜一件衣服、一張琴，還有一些牛羊。

舜的父母和弟弟見他得到許多東西，就又起了壞心。
父親讓舜修糧倉屋頂，自己卻在下面放火，想把舜燒死。
大火伴著濃煙，轉眼間包圍屋頂，把正在上面工作的舜熏得
睜不開眼。危急中他想起屋頂上有兩頂大斗笠，趕忙找到斗笠，一
手抓住一頂，伸開兩臂，就像張開一對翅膀一樣跳下屋頂。父親又叫舜
挖井，發現他挖得很深了，弟弟象就惡狠狠地把泥土石塊填進去，想把舜
活埋。沒想到舜預先在井底挖了一條斜巷，又一次死裡逃生。雖然父母兄弟是這
樣的不仁不義，可舜還是一如既往地善待他們。

堯聽說了這些事，認為舜寬宏大量，善於處理複雜的內外關係，就把治理天下的
大權交給了他。這就是人們所說的「堯舜禪讓」。

舜代替堯做了部落聯盟領袖，也繼承了那一直讓堯頭疼的事 —— 治理大洪水。

鯀治水失敗，舜懲處了他，並命令他的兒子大禹繼續治理洪水。

大禹總結父親失敗的教訓，決定先弄清地形地勢，再找出徹底制伏洪水的辦法。
他爬山涉水，頂風冒雨，走遍九州大地，測量地勢高低，探明河道走向。大禹吃著最粗
糙的食物，衣服也破成了條條縷縷，還經常睡在野外。在辛勤奔走的過程中，一個疏導
洪水的計劃在他心裡漸漸成形了。

　　疏導就是順應水往低處流的本性，開挖河道，清除障礙，讓洪水先歸入
大江大河，再順暢地流進大海。大禹領著人們，頂風寒，冒酷暑，手腳並用，
流血流汗，用原始簡陋的工具鑿山開渠，為洪水開道。日復一日、年復一年地辛苦工作，
使大禹臉色漆黑，頭髮蓬亂，手腳上長滿了老繭。由於長年累月泡在泥水裡，他的腳趾甲
都脫落了，小腿上的汗毛也掉光了。就這樣一直忙碌了13年！13年中，他有3次路過自己
家門口，卻沒空進去看一看！

　　大禹在新婚4天後就離開了家，臨走時他對妻子說：「如果妳生了孩子，就取名叫
啟。我現在必須啟程了。」

　　啟出生時，大禹正忙得連髮簪掉了都顧不得撿。不過，幾天後測量河道經過家門，
聽到嬰兒的哭聲，他知道自己當了父親，臉上露出幸福的微笑。第二次挖渠又過家門，
啟已經會叫「爹爹」。第三次再過家門，啟已經10多歲，懂得拉父親的手要他回家了。

　　在大禹的勤奮不懈下，氾濫多年的洪水終於消退了，平原低地重見天日。人們紛紛
從山頭、高地搬回平地來，修屋開荒，養牛牧羊，到處都是生機勃勃的景象。

　　因為大禹徹底平息水患，得到人們的衷心擁戴。舜年老後，決定把天下
也交給大禹治理。

奴隸宰相

　　大禹治水成功，代替舜做了天子。到了晚年，大禹也按照堯、舜傳下來的規矩，選定賢能的益作為繼承人。可是，益卻把帝位讓給大禹的兒子啟。天下人感念大禹治水的功德，也願意擁護他的兒子。從此以後，子繼父位的世襲制度確立，中國進入了家天下的夏朝。

　　夏朝是中國奴隸社會的開始。原先人人平等的原始部落社會中已經分化出奴隸、平民、奴隸主幾個階層。奴隸的命運最悲慘，他們沒有獨立的身分，只是奴隸主的私有財產，隨時可以被出售、轉讓或殺死。他們平時要為主人幹活，打仗時則需要拿起武器，衝在最前面。

　　啟的第15代子孫桀統治天下時，卻出了一個不同尋常的奴隸伊尹。

　　夏桀是中國歷史上有名的暴君。他身材魁梧，膀大腰圓，聰明過人，才智不凡，

只可惜他的才智和力氣全用在邪門歪道上。他貪財好色，為奪取財物和美女，發動了一場又一場戰爭。然後又大興土木，建造宮殿，用來收藏他的奇珍異寶和妖豔美女。成千上萬的奴隸為此喪命，平民百姓也苦不堪言。

　　有個大臣叫關龍逢，看到夏桀這樣荒淫腐敗，就大著膽子勸他以國事為重，不要由著性子享樂。夏桀不但不聽，反而勃然大怒，把關龍逢殺了。好人看夏桀這樣殘暴，都躲得遠遠的，壞人卻圍在他身邊，說著他愛聽的奉承話，鼓勵他繼續做壞事。夏朝越來越腐敗，已經到了崩潰的邊緣。

　　就在這時，夏朝東部邊界的商族卻在悄悄興起。商族首領湯，正千方百計籠絡百姓，團結四方諸侯，立志要推翻夏桀。

19

伊尹名叫「摯」（音　），早年不幸淪落為有莘氏家裡的奴隸。但伊尹並沒有灰心喪氣。他看到夏桀殘暴昏庸，天下諸侯蠢蠢欲動，心裡明白世道就要發生變化了，他改變命運、有所作為的機會快來臨了。可是，到底誰能改地換天呢？他的主人有莘氏是個小族，也沒有遠大的志向，顯然不能主宰未來天下。伊尹很想去尋找有作為的主人，可他是個奴隸，沒有任何選擇的權利。他只能等待。

　　恰巧，商族的首領湯與有莘氏有婚姻之約，不久就要來迎娶。伊尹突然眼前一亮，覺得自己的機會來了！他暗暗祈求上天，希望能隨小姐嫁到商湯家去。

　　有莘氏一心想交好正在強大的商族，把婚禮辦得很隆重，陪嫁也很豐厚，除了眾多牛馬、珠寶、絲綢之外，還有幾十個奴隸。伊尹也很榮幸地被「嫁」了過去。

　　伊尹有一手好廚藝。為了讓新主人知道他是個有本領的人，他盡心盡力把飯菜做得香甜可口。因而沒過多久，商湯就離不開他了，走到哪裡都要帶上他。

　　不過，伊尹可不甘心只做個讓主人滿意的奴隸。有一天，他故意把菜做得又苦又鹹，讓商湯難以下嚥。果然，飯還沒有吃完，商湯就找他來問話了。

　　伊尹不慌不忙地說：「菜不能做得太鹹，也不能太淡，只有把各種味道不同的調味料搭配得恰到好處，吃起來才可口。治理天下也是一樣，既不能操之過急，也不能放任不管，只有合理地調和各種問題，才能辦好事情。」

　　商湯十分驚訝，原來自家廚房裡還有這樣一個不平凡的奴隸！經過幾個月的考察，商湯認定伊尹是傑出的人才，就解除了他的奴隸身分，任命他為右相。

　　伊尹就職後，全力幫助商湯籌劃進攻夏朝的大計。最後商湯率領大軍，一舉滅了夏朝，建立了商王朝。商朝建立初期，伊尹又幫助商湯制定各種制度，約束官吏，扶助民眾，使社會安定，經濟繁榮。商湯死後，伊尹繼續輔佐繼任的君主。

　　太甲是商湯的孫子，他繼承王位時還很年輕，不免心性浮躁，自以為是。伊尹不放心，就一連寫了3篇文章，教他怎樣做一個好的君王。比如，《肆命》專講如何分清是非，明白什麼事該做，什麼事不能做；《徂（音ㄘㄨˊ）后》專講商湯制定的一系列法律制度，教太甲按規矩來治理國家。太甲剛開始時還能照著做，兩年後就失去了耐心。他想：我是一國之主，伊尹是奴隸出身，而且已經老朽不中用，憑什麼要我聽他的？於是，他開始放任自己，經常帶著鷹犬出去打獵，一去就是好多天，根本不管國事。除此之外，他還拚命壓榨百姓，增加賦稅，供自己享樂，引起了人們的不滿。

　　伊尹見太甲變壞，十分痛心。他再三規勸，希望太甲回到正道上來，可太甲根本聽不進去，依然聲色犬馬不離左右，國家大事拋在腦後。伊尹由痛心變得失望憤怒，最後忍無可忍，便把太甲從王位上趕下了台，放逐到商湯墳墓的所在地 —— 桐宮囚禁起來，也自己暫時代行天子職權，管理國家。

　　太甲突然從天上掉到地下，吃的是粗茶淡飯，穿的是粗布破衫，住的是低矮的茅

屋，每天面對的是商湯的墳
墓，能跟他說話的只有那
守墓老人。老人對他講
夏桀滅亡的往事，講
商湯與伊尹打天下的艱難，
講商湯定下的治國法規。太甲反思
自己的所作所為，越想越慚愧，越想越
佩服伊尹，決定痛改前非，重新做人。他開始
自己種田、做飯、縫衣服，還救濟周圍的農戶，成為了謙虛厚道又熱心誠懇的君子。

　　3年後，確定太甲完全悔過自新了，伊尹就帶著文武大臣把他接回都城，十分
鄭重地把政權交還給他。

　　從此商朝君王勤勉，大臣盡職，天下太平。奴隸宰相伊尹的故事也被代代傳揚。

酒池肉林

　　商朝從商湯建國，延續五百多年，最後傳到歷史上最有名的暴君帝辛——商紂王手裡。

　　紂王從小體格健壯，力大過人。有一年春天，他的父親帝乙領著文武官員和王子們在花園裡觀賞牡丹。走進飛雲閣休息時，那裡有一根柱子年久腐朽，突然斷了，屋頂搖搖欲墜，快要塌下來。

官員們嚇得驚慌失措，帝乙也驚得臉色煞白。這時，年輕的紂王從容走上前去，雙手托住屋樑，然後叫工匠們趕緊找根新柱子換上。這件事給帝乙留下了很深的印象，再加上紂王能言善辯，可以隨時搬出道理來抵擋別人的批評，把自己的過錯也說成對的，哄得帝乙滿心歡喜，所以儘管他在兄弟中排行老三，帝乙還是把王位傳給了他。

　　紂王即位後十分得意，對自己的才智和力量充滿自信。不久，他又做了一件了不起的大事，就更不把別人放在眼裡。他打從心底瞧不起那些大臣和諸侯，聽不進他們的任何建議。

　　紂王所做的了不起的事就是征服東夷。

　　東夷是當時居住在黃河流域和長江流域東部的一個部族，人數雖然很多，卻十分落後，還停留在原始社會末期。商朝的奴隸主貴族為了擴大自己的奴隸隊伍，增加個人財產，經常從東夷部落搶奪人口，激起了東夷人的反抗。帝乙曾經率領大軍前去鎮壓，卻被東夷人打得落花流水。這次紂王作了精心的準備，並親自率領大批軍隊，一直打到長江下游，幾乎把所有大大小小的東夷部落都征服了。

　　商朝貴族們有了大批的奴隸，都歌頌紂王英明果敢。紂王更加飄飄然了。

　　紂王心想：我是天子，應該享盡天下無窮的富貴，原先的一切都該改一改了。於是，他開始大規模修建宮室，在都城周圍幾百里的範圍內都建了離宮別館，還擴大了專

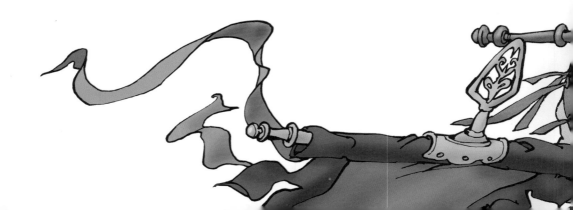

供天子遊玩的園林，讓百姓捉了許多飛禽走獸放在裡面，供他打獵取樂。他又強迫成千上萬的奴隸，花了7年時間，修建了一座高十多丈、周長六七里的「鹿臺」。臺上建有樓閣，裝飾得十分華麗，裡面堆滿了從各處搜刮來的錢財。這些還嫌不夠，他又讓人建了一座大倉庫，叫作「巨橋」，專門收藏各種奇珍異寶。

　　大興土木的同時，紂王還開始搜羅天下美女。他尤其寵愛一個名叫妲己的女人。他聽說當年夏桀曾造過一個能在裡面划船的酒池，受此啟發，不但真的在宮院裡挖了一個可以划船的大池子，裡面灌滿了酒，號稱「酒海」，還在池子周圍豎起無數的木樁，上面掛滿熟肉，稱作「肉林」。紂王命令大臣和宮女們光著身體互相追逐，玩渴了就喝

酒，累了就吃肉。就這樣，他沒日沒夜地任意享樂，真是腐敗荒淫到了極點！

　　為了壓制反對他的人們，紂王還發明一種叫「炮烙」的刑具。那是根粗大的銅柱，上面塗滿油，被放在熊熊燃燒的三堆火上，再讓「犯人」光著腳在上面走，銅柱又光又滑又燙，「犯人」走不了三步就會掉下來，被炭火燒死。

　　有個大臣叫梅伯，對商朝的存亡很擔憂，就向紂王說了幾句規勸的話，紂王卻回報他一個炮烙之刑。就這樣，紂王和妲己殘酷地從別人的痛苦和死亡中取樂。

　　微子啟是紂王同父異母的哥哥，他幾次勸說紂王收斂其所作所為，紂王都不聽。微子啟怕落得像梅伯一樣的下場，就逃走了。

紂王的叔叔比干不同意微子啟的做法，他說：「臣子應該以死力爭，即使君王聽不進去，也要盡自己的本分。」於是他力勸紂王勤於公事，不要奢侈過度。紂王當然聽不進去。比干豁出去了，一定要讓紂王認識到作為君王，應該以先朝的聖人為榜樣，愛護百姓、團結四方諸侯部落，這樣才能鞏固江山，才對得起祖先。紂王本來能說善道，這次卻怎麼都說不過他，不禁勃然大怒，「你把自己當聖人嗎？聽說聖人的心有七個孔，我倒要看看對不對！」說完，喝令劊子手們撕開比干胸前的衣服，將刀子刺進去……

　　忠心耿耿的大臣就這麼被剖出心臟，十分悲慘地死在他一心效忠的紂王的手裡。

　　比干慘死的消息，震動朝野上下，正直的大臣再也不敢勸諫，各個都在尋找避禍的

辦法。箕子想出的主意就是裝瘋，傻傻地跑到別人家去當奴隸。可是紂王依舊不肯放過他，派人把他抓回來，關進牢房裡。

　　紂王如此殘暴狠毒的行為，激起了天下人的怨恨，四方諸侯部落紛紛反叛商朝。這時，位於渭水流域的周族悄悄崛起。首領姬昌就是有名的周文王，當時稱西伯，他對人寬厚，特別敬重有本領的人，所以手下能人賢士很多。周的繁興引起紂王的注意。他找了個藉口把周文王召來，囚禁在羑（音 ㄧㄡˇ）里。文王的大臣急壞了，想方設法弄來美女、駿馬和珍寶，獻給了紂王，文王這才被釋放。

　　兩年的囚禁生活使周文王認清了天下大勢：紂王已經失去民心，是取而代之的時候了！於是，回國以後，文王開始認真地為滅商作準備。

姜太公釣魚

　　周文王立下滅商的志向後，不斷暗中做好事，多方收買人心，於是有越來越多的諸侯和部落跟商朝離心離德，對周卻日益親近。他們之間發生爭執時，也跑來找周文王，請他裁決。

　　周文王的威望越來越高，手下的能人也越來越多，可他總覺得，要推翻殘暴的商紂王，還缺少一位能統領全局的文武全才。這一天，文王出去打獵，來到渭水岸邊，只見一個白頭髮、白鬍鬚的老人一動也不動地坐著釣魚。文王的人馬踢踢踏踏地來到老人身後，他依然頭不回，眼不眨，專心致志地盯著水面，好像有一條大魚正要咬上他的魚鉤似的。

　　文王十分驚訝。一是這老人的魚鉤一直垂在
水面上，而且魚鉤是直的；二是老人相貌奇偉，沉靜
穩重，自然露出一股威嚴的神氣，令人肅然起敬。文王遲
疑了一會兒，跳下馬車，上前與老人打招呼。

　　這個老人姓姜，名叫尚，又叫子牙，據說是當年輔佐大禹治
水的伯益的後代。伯益幫禹治水，立下了大功，被封在呂地，
他的後代又以呂為姓，所以姜尚又稱呂尚。

　　姜尚年輕時家裡很窮，為了維持生計，曾當過屠夫，在商朝
的都城朝歌宰牛賣肉。後來他又在孟津開了一家酒店。他的生

意都很不成功，不但沒賺到錢，還虧了本。幾十年窮苦狼狽，姜尚都不放在心上，真正令他難過的是，他雖然很有抱負，又有帶兵打仗、治理國家的才能，卻一直沒有機會施展抱負、發揮才能。他曾經想為紂王服務，可看到紂王荒淫暴虐，便改變了主意。

他還曾經向一些諸侯「兜售」自己的安邦治國策略，可那些人都看不起他。後來，他聽說周國的西伯非常賢明，喜歡招納有才能的人，便不辭辛苦來到周國，可惜一直沒有人推薦他去見西伯，他只好每天到渭水邊一邊釣魚，一邊等待機會。這時，姜尚已經80歲了。

皇天不負苦心人，姜尚終於等到了施展才華的這一天！

周文王和姜尚交談了幾句，很快發現他是一個眼光遠大、學問淵博的人，上知天文，下知地理，還精通軍事，對當今天下大勢尤其有精闢的見解。他認為紂王已經使商朝走到末路，應當由一個賢明的君主出來推翻，然後建立一個新的朝廷，讓天下太平，使老百姓過上舒服日子。這些話簡直說到文王的心坎裡去，他越聽越高興，不禁拍著手說：「我的先祖太公曾經說過，當有聖人來到周地，周就會興旺發達。這個聖人就是您吧？從太公開始，我們期待您的到來已經很久了！」於是，文王管姜尚叫「太公望」，讓他坐在自己的車子上，一同回到周國都城。

姜尚終於如願做了周文王的國師，人稱「姜太公」。他為周文王出謀劃策如何滅商興周，將多年積累的學識與才智都用到輔佐周室上。在他的策劃下，周文王整頓政治，加強軍力，對內發展生產，使人們生活富足，對外則大舉用兵。他先後率兵征服了一些小國，又打敗了紂王的親信崇侯虎，滅掉了崇國。然後，周文王繼續向東發展自己的勢力，並把都城遷到豐京。不久，有40多個諸侯和部落背叛商朝，投靠了文王。周國已經對商朝形成進逼的形勢。

周文王雖然沒能使商朝滅亡，但他臨死之前，周人已經控制了天下的三分之二。

文王死後，武王即位，繼續尊姜太公為軍師、國相，稱「師尚父」。姜太公盡心輔佐武王，為滅商作好了準備。這時，商紂王還在花天酒地、醉生夢死，而且更加暴虐，已到了眾叛親離的地步。

決戰的這天終於來了。周武王出動300輛兵車、4萬多名士兵，從孟津渡過黃河，到了河北。大軍浩浩蕩蕩向前行進，幾乎沒遇到什麼抵抗，就到了朝歌城外的牧野。這時，四方諸侯也來和周軍會師，共同攻伐商朝。

紂王正陪妲己在鹿臺欣賞歌舞，聽說周武王和姜尚率軍到達牧野，大吃一驚，急忙調集軍隊抵抗。可是商朝的精銳部隊都在東南前線，一時調不回來，情急之下，紂王只好命城裡的奴隸、囚徒和俘虜臨時成軍，讓他們去抵抗周軍。

兩軍對壘，姜太公率100多人的敢死隊首先到陣前挑戰。商軍雖有70萬人，但大部分是奴隸，他們恨透了殘暴的紂王，無心為他賣命，都希望周軍早點入城。因此，一見姜太公領軍衝殺過來，商軍馬上讓開一條通道，許多人還調轉武器，跟周軍一起殺向朝歌。

紂王一見軍隊竟然幫助周軍，嚇得趕忙逃回城去。他知道自己的末日到了，就把搜刮來的珍寶、衣物堆滿鹿臺，然後穿上心愛的寶玉衣，縱身跳進自己點燃的熊熊大火。

延續500多年的商朝就此滅亡。

烽火戲諸侯

周文王和周武王得到姜太公的全力幫助，艱苦努力了幾十年，才推翻商紂王的殘酷統治，建立了周朝。之後又經過周公等人的辛苦維護，周朝才走上平穩發展的道路，而中國的奴隸社會也進入最為昌盛的時期。

創業雖然艱難，毀敗卻很容易。曾經十分強大的周朝傳了10代，到周厲王時，西周社會矛盾已經越來越尖銳了。周宣王即位以後，在賢君的輔佐下，國家稍微安定下來。可是在宣王過世，他的兒子周幽王繼位後，很快地，周朝就像斷了樑柱的大廈一樣，嘩啦啦倒塌下來。

周幽王名叫宮湦（音ㄙㄥ），他在當太子時娶申侯的女兒為妃，生下兒子宜臼。即位後，幽王立申侯的女兒為王后，立宜臼為太子。從此，幽王心滿意足，開始盡情享受做天子的榮華富貴，日夜尋歡作樂。有一次，他竟然連續3個月沒有上朝處理政務。他還寵信一個名叫虢（音ㄍㄨㄛˊ）石父的大臣，因為這個人專會逢迎拍馬，順著他的性子說話，討他喜歡。

有個諸侯國，名叫「褒」，其國君得罪了周幽王被關進監牢。他的兒子和大臣想方設法要救他出來，聽說幽王喜歡美女，就買了一個非常漂亮的少女，取名「褒姒」，獻給幽王。

幽王見褒姒猶如天女下凡，美豔無比，果然歡天喜地，立即下令放了褒君。

褒姒很受幽王寵愛，一年後生了個兒子，取名伯服。為了討褒姒的歡心，幽王廢了原來的王后和太子，改立褒姒母子為王后、太子。這種不符合傳統規矩的做法

引起了朝野上下的不滿。史官伯陽父甚至
悲歎地說：「滅頂之災就要降臨了！」

　　褒姒美得讓人目眩，卻從來不笑，
這未免讓幽王覺得美中不足。他想盡各種
辦法逗她開心，可她就是不笑。最後，幽
王出了一道懸賞：「誰要是能讓王后笑一
笑，賞賜千金。」

　　消息一放出去，虢石父就來獻計了。他說：「平常的東西是不可能讓王后笑的。我想起一個不常用的東西，大王可以試一試，也許王后會笑。」

　　原來，周朝為了防備西邊的犬戎族侵擾，在都城外的驪山一帶設置了20多座烽火台，上面準備了乾燥的狼糞和柴火，還有幾面大鼓，並派兵守衛。如果白天發現敵情，看守的士兵馬上點燃狼糞，那又黑又濃的「狼煙」在很遠的地方就能看到；如果晚上出現敵情，就點燃柴火，遠處同樣會看到。這樣一座傳一座，用不了多久，遠近的諸侯都會知道京城有敵情，並率軍

　　　　　　　　　　隊趕來救援。虢石父就是要幽王玩「烽火戲
　　諸侯」的把戲，希望能讓褒姒開口一笑。

　　　　周幽王樂了，忍不住稱讚：「難為你想出這麼好的主意！」

　　　　第二天，他就帶著褒姒上驪山，住進幽靜的別館中，準備點燃烽火。

　　有一個諸侯叫鄭伯友，當時正在鎬（音 ㄍㄠ）京。聽說這個消息，嚇了一跳，連忙趕到驪山，苦口婆心對幽王勸諫：「烽火台是為戰事而設的，兒戲不得。無緣無故點燃烽火，等於是在戲弄諸侯，以後真有急事，還有誰會相信？萬萬不能玩這種把戲！」可是幽王一心想看褒姒的笑臉，根本聽不進鄭伯友的勸告，反而斥責了他幾句。

　　這天晚上，幽王下令點燃烽火，還擂起了十分緊急時才用的大鼓。頓時火光沖天，鼓聲如雷。京城的人們都被驚醒，以為犬戎來侵擾了，一時大人叫、孩子哭，亂作一團，人人膽顫心驚。

　　附近的諸侯也以為敵人威脅京城，天子有難，於是紛紛帶領兵馬，急急忙忙趕來救援。他們到了京城鎬京，聽說天子在驪山，又匆匆奔向驪山。到了山下，諸侯們不但沒見到一個敵兵，反而聽到山上樂聲陣陣，笑語喧喧。諸侯們你看看我，我看看你，不明白到底是怎麼回事。

　　這時幽王派人傳下話來：「天子平安無事，你們回去吧。」

　　可是烽火傳訊是件大事，諸侯們不分晝夜，快馬加鞭趕來，總不能糊里糊塗地回去。大家互相詢問，這才得知幽王千金買笑的真相。諸侯們受了愚弄，

都十分惱怒，鐵青著臉引領人馬各回國去了。

　　褒姒看見這麼多人汗流浹背而來，又氣喘吁吁而去，白白忙了一場，覺得特別有趣，忍不住笑了一下。她一笑，幽王就高興了，不但賞了虢石父千兩黃金，還大大誇獎他一番。

　　這之後，周幽王又幾次點燃烽火，可沒多久，便再也沒有一個諸侯上當趕來了。

　　周幽王原來娶的王后是申后，生有太子宜臼。幽王廢掉沒有過錯的王后和太子，這本來就讓宜臼的舅父申侯非常生氣，現在為討好褒姒幽王又屢次戲弄諸侯，申侯覺得再也無法忍受，就向犬戎借兵，準備推翻幽王。戎人也早有侵周的打算，自然很樂於出兵。雙方一拍即合，立即發兵進攻周朝。

　　見戎人逼近鎬京，周幽王忙點燃烽火求救，可諸侯們以為他又在玩「千金一笑」的把戲，誰都不理會。結果犬戎攻進鎬京，幽王逃到驪山下，依舊被戎兵殺掉，褒姒也被擄走。

　　申侯見幽王死了，覺得大仇已報。他不想讓周朝天下落入外族人手裡，就和其他諸侯聯手轉而向犬戎征戰。打退了犬戎後，大家一起擁立原來的太子宜臼繼承王位。宜臼就是周平王。

　　周平王看到戰亂後的鎬京破敗不堪，擔心戎人再打進來，便把都城向東遷到了洛邑。因為鎬京在西邊，洛邑在東邊，歷史上就把這次遷都稱為「平王東遷」，把以前的周朝稱為「西周」，遷都以後的周朝稱為「東周」。因此，周平王也成了東周的第一個君王。

齊桓公稱霸

平王東遷是東周的開始，也是春秋時代的開始。這時周朝已經無力控制天下，諸侯們互相攻伐，都想讓別人聽自己的號令。

齊國的國君齊襄公殘暴兇狠，他的弟弟公子小白和他同父異母的哥哥公子糾害怕禍事臨頭，就躲到各自舅舅的封國去了 —— 公子糾躲到魯國，小白躲到莒國。公子糾的師傅叫管仲，小白的師傅叫鮑叔牙，兩人是非常要好的朋友。

後來公孫無知殺死了齊襄公，並自立為齊國君主。沒過多久，公孫無知又被大臣殺死，齊國一時出現沒有國君的局面。公子小白

和公子糾一得到消息，立刻動身奔往齊國。大家都明白，誰先回國，誰就能即位當國君。

公子糾的靠山魯國是個大國，魯莊公決定親自率領300輛兵車，護送公子糾體面地回國即位。管仲想到莒國離齊國較近，小白很可能捷足先登，就心急火燎地領著一隊人馬前去攔截。他們馬不停蹄，日夜兼程，總算趕上了公子小白。管仲上前向小白行禮，說：「公子走得這樣急，是要回國為先君辦喪事嗎？」小白點了點頭。護送小白的那些莒國士兵都知道管仲是公子糾的人，一個個摩拳擦掌，虎視眈眈地盯著他。

管仲緩緩後退，趁人不注意，突然拿出弓箭，咻的一聲朝小白的心窩射去。小白大叫一聲，直挺挺地倒下。鮑叔牙和軍士們撲上去救護，卻見他躺在車裡，兩眼緊閉，人事不省，便都大哭起來。管仲見小白已死，認為公子糾的君位唾手可得，就和魯莊公一起護送公子糾，不慌不忙地向齊國進發。

可管仲作夢也沒想到，那又準又狠的一箭，竟被小白的衣帶鉤擋住，小白連點皮肉傷都沒有。但他隨機應變，翻身倒下裝死，還咬破了舌尖，做出吐血而亡的樣子，連鮑叔牙也信以為真。這一變故使小白不敢大意，他換上軍士的衣服，坐在有篷的車裡，快馬加鞭趕回了齊國。

小白終於繼承了君位，成為齊桓公。這時魯莊公和管仲護送著公子糾還慢慢悠悠地走在路上呢！等他們到達齊國都城臨淄（音 ㄗ ），才知道自己來得太晚了。魯莊公大怒，立即發兵攻打齊國。齊桓公也不甘示弱，積極應戰。結果魯國打了敗仗，齊軍乘勝追擊，一直打到魯國境內。齊桓公送信給魯莊公，說：「公子糾是我的兄弟，我不忍心親自殺他。但是，你一定要把管仲交給我，我饒不過他。」這實際上是在講退兵的條件。魯國人沒有辦法，只好逼公子糾自殺，把他的頭和管仲一起交給了齊國使臣。

　　管仲一到齊國，鮑叔牙就把他從囚車中放出來，並安排他在自己家裡住下來，接著去找桓公說情，希望桓公能重用管仲。

　　「管仲這個匹夫！若不是衣帶鉤擋著，他那一箭早要了我的命。我恨不得親手殺了他！重用他？真是笑話！」桓公生氣地說。

鮑叔牙耐心地勸說：「管仲是個不可多得的人才，本領比我大得多。主公如果想在諸侯中稱霸，就非得重用管仲不可。再說，他當時拿箭射您，是因為心裡只有他的主子公子糾；如今您要是能重用他，他將幫您射中天下，哪裡是一個小小衣帶鉤可比的！」

齊桓公畢竟是胸有大志的人，他終於聽從鮑叔牙的勸告，選了一個好日子，親自迎接管仲進城，並恭恭敬敬地向他請教富國強兵、建立霸業的方法。管仲把一切分析得頭頭是道，兩人越談越投機，真是相見恨晚。

於是齊桓公任命管仲為相國，讓他掌管齊國的軍政大事。鮑叔牙職位在管仲之下，但他很高興，盡心盡力地幫助管仲治理齊國。5年後，齊國已經強盛了很多。這時桓公對管仲說：「現在咱們兵強馬壯，可以

會合諸侯了吧？」管仲說：「南方的楚國、西方的秦國和晉國都比我們強，可它們誰也沒當上諸侯的首領，這是因為它們對周天子不夠尊崇，不知道用天子的名義號令諸侯。現在我們正有機會這樣做。」

　　原來，周朝天子周莊王去世了，周王即位，各諸侯國早就不把周天子放在眼裡，所以誰也沒去祝賀。管仲看準這是個機會，就建議桓公派使臣去祝賀，借此來實現齊國稱霸的圖謀。

於是，齊國的使臣來到周天子面前。他獻上賀禮、讀過賀詞後，說：「宋國發生內亂，殺了好幾個國君，如今在位的國君還沒得到各國承認。請天子下令，確定宋國的君位。」周王順水推舟，馬上下令讓齊桓公出面召集諸侯，共同確定宋國的君位。

齊桓公要的就是周天子的這一紙詔令。他立即向各諸侯國發出通知，約定日期訂立盟約。誰知通知了十多個諸侯，到當天只來了4個。齊桓公覺得掃興，想改日子。管仲卻說：「第一次約會諸侯，不能失了信用。三人成眾，現在加上我們已經有5個國家，完全可以簽定協議了。」就這樣，盟會按時舉行。5個諸侯國歃（音 ㄕㄚˋ）血為盟（以指蘸血，含在口中。古代訂盟時的一種儀式），並推舉齊桓公為盟主，還訂立了「尊重周王室，扶助弱小國家」的盟約。

齊桓公當上春秋時期的第一個霸主，開了諸侯爭相稱霸的先河。為了讓遠近各國心服，他以不參加會盟為理由，出兵討伐魯國。後來山戎人侵擾燕國，燕莊公派人來向盟主求救，桓公又率領大軍北上救燕。經過這一連串的努力，齊國的盟主地位終於得到更多諸侯國的承認。

秦相身值五羊皮

春秋時代，晉國的南面有兩個小國，一個叫虢，一個叫虞。兩國山水相連，又是同姓，所以關係很好。虞國有個窮人，名叫百里奚，既有才能又有抱負，一直想出去做一番大事，可是家裡過著有一餐沒一餐的清貧日子，他怕自己一走，老婆、孩子就會餓死。妻子杜氏看出了他的心事，就鼓勵他：「大丈夫志在四方，你放心做你的大事，我有手有腳，總能把日子過下去。」於是百里奚下定了外出的決心。杜氏還殺了家裡僅有的一隻母雞，又把門閂劈了當柴燒，做出一頓大餐為他送行。

百里奚先到了齊國。可是當時的齊襄公兇狠殘暴，他不願意幫這種人做事，就又一路乞討來到了宋國，在那裡結識了一個叫蹇（音ㄐㄧㄢˇ）叔的人。蹇叔也是有才幹的窮人，兩人談得很投機，成為好朋友。他們東奔西走，想找個有作為的君主，闖出一番事業，但一直沒能如願。這時百里奚已經快50歲了，心裡很著急。蹇叔就勸他：「如果投錯了人，中途離開他，那就是不忠；跟著他一起倒楣，那又是不智。我們一定要慎重選擇。」百里奚離家已有20多年了，準備回去看看。蹇叔說：「我有個朋友叫宮之奇，在虞國做大夫，我和你一道去虞國找他吧。」

百里奚回到家，只見房子已經破敗不堪，妻子和兒子都不知去向。他很傷心，又沒處可去，只好和蹇叔一起去見宮之奇。宮之奇想留他們在虞國做官，蹇叔說：「我看虞公愛貪便宜，不像個做大事的人。我不想留在這裡。」百里奚卻說：「我奔波了這麼多年，也沒找到落腳的地方。虞國畢竟是我的家鄉，我就留下來吧。」

於是，百里奚在虞國做了大夫。

十幾年後，晉國想討伐虢國，又怕虞國出兵相救，就想了個計策，用晉獻公最喜歡的一塊玉璧和一匹千里馬作為厚禮，送給虞公，請他答應晉軍從虞國經過去打虢國。虞公以為自己占了大便宜，眉開眼笑地答應了。

就在虞公美滋滋地欣賞他的美玉、寶馬時，晉國軍隊不僅途經虞國滅了虢國，又在回國途中毫不費力地把虞國也滅了。虞公、百里奚及一班大臣都成了晉國的俘虜。

晉獻公知道百里奚很有才能，想重用他。可是百里奚

死也不肯為使自己國家滅亡的仇人服務。不久，晉獻公要把女兒嫁給秦穆公，陪嫁的奴隸中就有百里奚。

　　在被送往秦國的路上，百里奚逃跑了。他在黑暗中逃進楚國。楚人以為他是奸細，把他抓了起來，送到南海去放牛。

　　秦穆公成婚後檢查陪嫁，發現少了個叫百里奚的奴隸，就問晉國來的公孫枝。公孫枝說：「這個人真是難得啊！卻一直沒遇到賢明的君主。他是虞國的大夫，虞國滅亡了，又不肯在晉國做官，這才成了奴隸。可惜他在半路上逃跑了。」

　　秦穆公正想招攬賢才，馬上派人去打聽百里奚的下落。聽說百里奚在楚國放牛，就要派使者帶著厚禮去見楚成王，把百里奚贖回來。公孫枝急忙勸阻：「楚國人讓百里奚放牛，說明他們不知道他的才能。您用這麼重的禮物去贖他，不是明著告訴人家百里奚是個人才嗎？楚國怎麼可能放他走呢？」秦穆公恍然大悟，就按照當時一般買賣奴隸的價格，派人帶著5張羊皮去贖百里奚。於是，百里奚以5張羊皮的身價被買進了秦國。

　　百里奚快到秦國京城時，秦穆公親自出來迎接。可是，看到百里奚已經白髮蒼蒼，他心裡很失望，忍不住問：「您多大年紀了？」

百里奚說：「70歲了。」秦穆公歎了一口氣，「可惜太老了！」百里奚說：「主公要是讓我去捉飛鳥或打老虎，我是老了；可要讓我出謀劃策，治國安邦，我就不算老。姜太公80歲遇見周文王，還能輔佐文王、武王奪取天下，我比他還小10歲呢，哪能說老！」

秦穆公覺得百里奚的話也有道理，就不再討論年齡問題，而向他請教富國強兵的計策。百里奚針對秦國的形勢和特點，提出獎勵耕戰、發展生產、最後統一中原等等辦法。秦穆公越聽越興奮，越聽越覺得百里奚的確了不起。他高興地說：「我有了先生，就像齊桓公有了管仲一樣啊！真是天助我也！」百里奚卻說：「我有個朋友，名叫蹇叔，他的才能大大超過我。主公要想富國強兵，稱霸諸侯，就應該把他也請來。」

秦穆公馬上派人去請蹇叔，之後又以隆重的禮儀分別拜百里奚和蹇叔為左相和右相，並在他們的輔佐下實行改革，興利除弊。於是秦國一天天強盛起來，秦穆公也成了春秋一霸。

一天，百里奚在府中舉辦宴會。樂工正在奏樂，相府中洗衣服的老太太走到跟前，說：「我也學過音樂，會唱幾支曲子，讓我給相爺表演一下行嗎？」百里奚答應了。那老太太就彈著琴，大聲唱起來：

> 百里奚，五羊皮，
> 記不記得別離時？
> 劈開門閂燉母雞。
> 今日吃肉穿錦衣，
> 拋了兒子忘了妻。

百里奚聽了，臉色大變，湊近老太太仔細一看，原來是老妻杜氏！兩人抱頭痛哭，一時說不盡千言萬語。聽說百里奚夫妻相聚，秦穆公也來祝賀，又聽說他們的兒子孟明視才華也很出眾，就任命他為大夫。百里奚一家終於幸福地團圓了。

　　晉獻公原有3個兒子，太子申生、公子重耳、公子夷吾。年老時，他寵愛的美貌妃子驪姬又生了奚齊和卓子兩個兒子。驪姬想讓奚齊做太子，設下毒計害死了太子申生。公子重耳和夷吾害怕，趕緊逃到各自的封地去了。

　　重耳剛到自己的封地蒲城，就接到密信，說晉獻公派人來殺他和夷吾。重耳和手下趕忙從後花園逃跑。他還沒翻過牆，殺手已追上來抓住了他的衣袖。重耳拚命一掙，總算跌到了牆外，衣袖卻被割去一塊。死裡逃生的重耳失魂落魄地跑到了狄國，夷吾則逃到了秦國。

　　重耳在狄國一住就是12年，不僅娶了妻，還生了兩個兒子。跟隨他一起出逃的有狐毛、狐偃、趙衰、顛頡、魏武子等幾十個人，他們都很有才能，也很忠誠。一天，重耳正在打獵，忽然有人急急忙忙跑來，給狐毛、狐偃兄弟倆送來一封家書：父親狐突叫他們趕緊保護公子逃跑，因為殺手又要來了。

　　原來，晉獻公死後，11歲的奚齊做了國君，可不久就被人殺死。驪姬又立9歲的卓子為君，可沒幾天，卓子也被殺。流亡在秦國的夷吾請秦穆公幫他回國即位。秦穆公的夫人是晉獻公的女兒，她也請求穆公幫忙安定晉國。於是秦國便派百里奚等大臣護送夷吾回國，做了晉惠公。晉惠公即位後擔心重耳來奪君位，立即派人去狄國刺殺他。

　　重耳慌裡慌張地和狐家兄弟一起跑到了城外，臨走時他對妻子說：「等我25年，要是我還不回來，妳就改嫁。」妻子沒好氣地說：「再過25年，我都老得走不動了，還嫁誰去！」

重耳一行人相約在城外會合，可到了會合時間卻
單單少了一個管財務的。原來這傢伙不想再跟著重耳
東奔西跑，帶著錢財趁亂逃跑了。沒辦法，大家只好
兩手空空地上了路。

因為齊國實力雄厚，重耳決定投奔齊國。可經過衛國時，衛文公卻不
放他們進城，又餓又渴的一行人只得咬牙繼續往前走。走著走著，他們看
見幾個農夫在田頭吃飯，重耳叫狐偃去要一點吃的。沒想到農夫見他們是
貴族，就舉起一塊泥土說：「我們全是從土裡刨食，你們也試試？」重耳勃然
大怒，舉起鞭子就要打人，狐偃急忙攔住他說：「泥土就是土地，老百姓送土
地給我們，這是個好兆頭啊！」重耳這才轉怒為喜。雖然得到了「土地」，
但畢竟肚子還空著。他們只能走走停停，忍饑挨餓，好不容易才到了齊國。

齊桓公果然有霸主的氣度，他不但熱情款待重耳一班人，還贈送
許多車馬，並挑選自己家的姑娘齊姜嫁給重耳。從此，重耳在齊國過
上舒服的日子，不想再作別的打算了。

可是後來，齊桓公死了，他的幾個兒子為爭奪君位打得一塌
糊塗，齊國的國力漸漸衰弱下來。眼看齊國已沒有力量幫助重耳回
國，狐毛、狐偃等人躲到城外的樹林裡，商議說服重耳離開齊國的
辦法。恰巧。齊姜的使喚丫頭正在樹上採桑葉，偷聽到他們的話，
回家一五一十地告訴齊姜。

齊姜也勸重耳離開齊國去謀大業。重耳卻說：「現在這樣很好，
我不想自討苦吃了。」齊姜見幾次勸說都沒用，就和
狐偃等人定下一計。

這晚，齊姜擺下酒席，說：「公子要是決定
走，說明你有志氣，這酒便算是送行；若是
不走，表示你對我有情有義，這酒就是我對你
的感謝。來，讓我們開懷暢飲！」

重耳經不住勸，一杯接一杯，直喝得大

醉。齊姜見他人事不省，
急忙派人去叫狐偃。幾人
有的扶頭，有的抱腰，把重耳抬上
車去，連夜趕出了城。等重耳醒來時，
車子已經走出了五六十里。他氣極了，抓起
長戈就向狐偃刺。大家好勸歹勸，他才消了怒氣。
就這樣，一行人又走上了四處奔波的艱苦歷程。

這天，他們到了曹國。曹共公是個輕浮的人，他聽說重耳的肋骨是連在一起的，很好奇，就趁重耳洗澡時跑去偷看。重耳被氣得火冒三丈，又不方便生氣。

他只在曹國住了一夜，就到宋國去了。宋國在位的是宋襄公，他剛剛打過敗仗，也不可能幫助重耳回國。一行人只得繼續向南，來到了楚國。

楚成王用招待國君的禮節歡迎重耳，令重耳很是感激。然而此時的重耳最渴望的，是回國奪取君位，他希望能得到楚成王的幫助。

有一天，兩人正談得開心，楚成王突然問：「公子要是回晉國做了國君，會怎麼報答我呢？」重耳說：「金銀珠寶您有的是，珍禽異獸本來就是楚國的特產，我真不知道拿什麼來報答您。如果託您的福，我回晉國做了國君，一定和楚國友好相處；萬一兩國打起仗，在兩軍對壘時，我會命令晉軍退避三舍，來報答您的恩情。」古時候行軍，30里為一舍，退避三舍就是後退90里，這也是尊重、禮讓的表示。

楚國大將子玉聽說後，氣壞了，勸楚王殺掉重耳，以除後患。楚成王卻說：「重耳志

向遠大，他的隨從又都很有才幹，將來一定能成大事。現在晉國的國君不得人心，百姓也盼重耳回國，天意不可違，怎麼能殺他呢！」

　　這時候，晉惠公已經去世，晉懷公在晉國當政。由於秦穆公對晉懷公不滿，也在四處打聽重耳的消息，聽說他在楚國，便馬上派人前來迎接。重耳又帶著自己的一班人到了秦國。很快，在秦穆公大軍的護送下，重耳踏上了回國的大道。

　　經過一番激戰，秦國軍隊趕跑了晉懷公，晉國的文武大臣舉行隆重的儀式，擁立重耳做了國君，他就是晉文公。

　　晉文公從43歲開始逃難，即位時已經62歲。

趙氏孤兒

這個故事要從晉靈公說起。

晉靈公是晉文公的孫子，昏庸無能，十分殘暴。

為了把宮牆全畫上彩畫，他拚命加重賦稅，從老百姓身上斂財。他還喜歡從高台上拿彈弓打人取樂，看著躲避彈丸的宮女來回奔跑，高興得哈哈大笑。

這天，廚師熊掌沒燉爛，晉靈公就殺了他，讓人把屍體放在大草筐裡，從朝堂拖出去。當時，晉國

　　　　　　　　　的大臣趙盾和士會正在朝中，
　　　　　　他們知道了晉靈公的暴行，就去勸諫。靈公
　　　　趕緊說：「我知道錯了，我一定改。」可說歸說，
靈公還是依然故我。趙盾實在看不下去，一再勸諫，結果惹得靈公懷恨在心，竟派一個
勇士去暗殺他。

　　天還沒亮，勇士就潛進趙家，卻看見趙盾已經穿好朝服，閉著眼坐在那裡等候上
朝。勇士默默退了出來，感歎說：「這樣勤勉恭敬的人是老百姓的依靠啊！我殺百姓的
依靠就是不忠；不殺他就違背了國君的命令，便是不守信義。無論是不忠還是不信，我
都該死。」於是，勇士回到靈公的庭院裡，一頭撞死在大槐樹上。

　　　　靈公不甘心，又請趙盾來喝酒，暗中命武士埋伏殺他。趙盾的衛士提
　　彌明覺察出危險，他衝到席前，拉起趙盾說：「大臣陪國君喝酒，超過3杯就
不合禮制了。」邊說邊扶著趙盾退下台階。靈公急了，乾脆放出了一條惡狗去撕咬趙盾。
提彌明赤手空拳迎上去，和張牙舞爪的惡狗搏鬥在一起。這時埋伏的武士也衝了出來，
趙盾只得邊對抗邊撤退。就在這萬分危急的時刻，靈公的一個衛士突然倒轉兵器，拚死
把其他武士打退，趙盾這才逃出來，提彌明則在搏鬥中被殺。

　　趙穿和趙盾是同姓宗族，對晉靈公的暴行很氣恨，他瞅準機會，趁靈公在桃園中遊
玩時殺死了他。正在逃亡的趙盾聽說靈公死了，這才回國。

　　因為趙盾回來後沒有討伐殺死晉靈公的兇手，史官便在史書上寫：「趙盾殺了國君。」
　　　　誰知這段記載後來竟引出一起大冤案。

　　　　　　一年後，趙盾去世了。這時在位的晉景公寵信一名叫屠岸賈
　　　　的大臣。屠岸賈十分嫉恨趙盾的兒子趙朔，便對景公說：「趙氏宗

氏宗族罪大惡極，當年就是趙盾指使趙穿殺了靈公。現在他們不思悔過，反而招收門客，暗藏兵器，這不是要犯上作亂嗎？若不盡早斬草除根，只怕後患無窮啊！」景公對趙氏宗族的逐漸強盛也存有戒心，再加上最近趙同等人在跟楚國的戰爭中又打了敗仗，於是，他便命令屠岸賈去抄斬趙氏家族。

　　屠岸賈親自帶領軍隊包圍了趙家，把趙氏男女老少殺得一乾二淨。只有趙朔的妻子是晉景公的姐姐，提前得到消息，躲到太后宮中，才倖免於難。可屠岸賈不肯就此罷手，他趕到景公那裡，說：「公主正懷著身孕，如果生了兒子，必定是後患，不如現在就斬草除根！」景公說：「公主躲在太后宮中，不能殺她。等她生下孩子，把孩子殺掉就是了。」於是，屠岸賈派人守在宮外，天天打聽公主生孩子的事。

這時，趙朔的兩個門客公孫杵臼和程嬰也在打聽夫人生孩子的消息。他們本來是想隨著趙朔一起赴死的，聽說趙夫人懷有身孕，便改變了主意。

不久，夫人生了個兒子，按趙朔的遺言，給孩子取名叫「趙武」。屠岸賈得到消息後，就在景公的允許下，親自帶人進宮搜查。趙夫人事先把孩子藏好，推說孩子一生下來就死了。屠岸賈不信，裡裡外外施用各種手段仔細查找。趙夫人心裡非常焦慮，公孫杵臼和程嬰更是急得火燒心一樣。他們已經買通了宮中的人告知趙夫人：要想辦法把孩子救出來撫養成人，讓他繼承趙氏祖業。可是怎樣才能做到呢？

公孫杵臼問程嬰：「撫養孤兒與隨著主人一同死，哪一樣更難？」

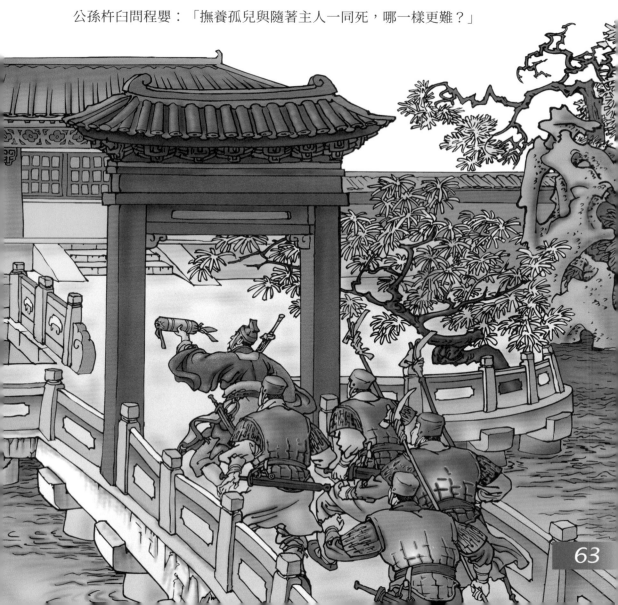

程嬰說：「死容易，撫育孤兒可
難多了。」公孫杵臼說：「趙家待你不
薄，你就做那件難事吧，容易的讓給我。」
原來，他心裡已經想好了主意，要買個孩子
假冒趙氏孤兒，自己帶走，然後再讓程嬰去找屠岸賈告發；屠岸賈得到假的趙氏
孤兒，真的就可以免遭毒手了。程嬰說：「我妻子剛生下一個兒子，可以假冒趙武。可
我不忍心你……」公孫杵臼打斷他的話，「我老了，所以選這件容易事來做。趙武就全
靠你撫養了。」當夜，程嬰便把親生兒子抱出來。公孫杵臼接過孩子，連夜逃進首陽山。

屠岸賈接到告發，立刻帶了人馬，跟著程嬰來到山裡。他們很快抓到了公孫杵臼，
並在他的住處搜出一個嬰兒。公孫杵臼一邊掙扎著上前搶奪，一邊破口大罵：「程嬰，
你這個千刀萬剮的小人！前天你和我約定，一起隱藏趙氏孤兒，現在卻貪圖賞錢，背叛
主人，出賣朋友，你還是人嗎？」他又仰頭望天，大哭大叫：「老天呀老天！趙氏孤兒
有什麼罪？你們放了他，殺我一個人好了！」

屠岸賈下令把公孫杵臼和嬰兒一道殺死，並重賞了程嬰。以為趙氏孤兒已死，屠岸

賈便撤走了把守宮門的士兵。程嬰這才有機
會去找晉國的一位大夫韓厥，請他想方設法把趙武帶出
宮。韓厥曾經受過趙氏的大恩，又知道趙氏一門死得冤屈，所
以很樂意幫忙。真正的趙氏孤兒就由他偷偷帶出宮來，交給了
程嬰。

　　15年後，晉悼公即位，韓厥被拜為中軍大將。韓厥找了
機會，把趙氏還有孤兒存活的消息透露給晉悼公。晉悼公很同情趙氏一門的不幸，派人
把程嬰和趙武找了回來。

　　就這樣，趙武繼承先輩的事業，殺了作惡多端的屠岸賈，為全家人報仇，他自己
後來也成為晉國有名的大臣。

二桃殺三士

　　晏嬰是春秋後期齊國的相國，當過齊靈公、齊莊公、齊景公的正卿，是齊國的三朝

元老。他博學多才，機智善辯，風趣幽默，是不可多得的治國奇才，人們都尊敬地稱他

「晏子」。在齊景公時，晏子就做過好多件維護國家利益的事情，其中之一是用兩個桃

子除去三個驕橫粗野的勇士。

　　齊國有3個勇士，一個叫古冶子，一個叫田開疆，還有一個叫公孫捷，號稱「齊邦三

傑」。他們力氣大，英勇頑強，不怕犧牲，深受齊景公的寵愛。晏子對他們也很尊敬，

每次見到他們總是恭恭敬敬地行禮。可是，這3個人非常傲慢。有一次晏子入宮，看見他們在玩賭博遊戲，就走上前向他們行禮，可他們連眼皮都不抬一下，真是目中無人！當時，齊國有一家姓田的大貴族勢力很大，威望也越來越高，對國君的權威形成直接威脅。而這3個勇士卻與田氏交遊往來，關係越來越密切。晏子擔心他們為田氏效勞，危害國家，就有心除掉他們。

可「齊邦三傑」是齊景公的心腹，又都十分勇武，用一般的辦法很難對付他們。晏子不敢輕舉妄動。有一次，他對景公說：「我聽說賢明君主蓄養的勇士，對上知道君臣禮義，對下明白長幼關係，對內能禁止暴亂，對外能威懾敵人。所以老百姓佩服他們的勇氣，國君給他們很高的地位和優厚的俸祿。您認為我們的『三傑』怎樣呢？」景公想了想，「我也覺得他們過於驕橫了。可是我想跟楚國交好，怕他們出來搗亂，所以至今沒有行動。」

晏子聽了這些話，知道齊景公
對那3人也有不滿，可又沒辦法，
心裡便有了底，開始動腦筋
琢磨除掉他們的計策。

　　不久，魯昭公來與齊國結盟。齊景公設宴招待貴賓，命令各位大臣陪侍，「齊邦三傑」也在座。酒喝到半醉的狀態時，晏子說：「園中的金桃熟了，摘幾個來嘗嘗鮮吧。」景公傳令下去，不一會兒，桃子就獻上來了，又大又紅，香味撲鼻。景公介紹道：「這叫萬年金桃，是海島上的人送來的種子，長了好多年，今年才開始結果。可惜只結6個。」兩位國君各吃了顆桃，都說味道極好。景公又對魯國大臣叔孫婼（音
口ㄨㄛˋ）說：「叔孫婼大夫天下聞名，應該吃一個。」叔孫婼推

讓說：「晏相
國輔佐君主，
功績卓著，人人
敬佩，這個桃應該給他吃。」
景公說：「不必推辭了，你們
　　　倆各吃一個
　　　　吧。」

這樣桃子就剩下兩個。

晏子向齊景公建議：「請
君主傳令，讓各位臣下說說
自己為國為君所建立的功勞，
誰的功勞大，就把桃子賞給誰吃。」

齊景公高興地說：「好主意！就這麼辦吧。」

於是，誰能吃到一個桃，不但表示他得到君王的賞賜，
也意味著他得到了護國衛君的崇高榮譽。這對自以為是的人

有非常大的吸引力。果然，公孫捷立刻上
前一步，大聲說：「我曾經跟隨國君上山打獵，
突然一隻猛虎跳出來直奔國君。我赤手空拳擋上去，
拚出全力把老虎打死了。這樣的功勞算不算大？」晏子
說：「冒死救主，忠心可嘉，應該吃桃。」於是公孫捷
拿了一個桃，興沖沖地吃掉了。

　　古冶子很懊悔落後了一步，迫不及待地跟著表功：
「我曾經跟隨國君渡黃河，當時，天下暴雨，河上波濤洶
湧。忽然，有一隻巨龜冒出來，把國君車上的左驂（音 ㄘㄢ）
馬拖進了水裡。我拔劍跳進黃河，在河底順流游了9里，終於
追上巨龜把牠殺死，救出驂馬。這樣的大功，難道還不該吃個
桃？」齊景公說：「那次危險的經歷，我至今想起來還膽顫心
驚。將軍神勇，功高蓋世，應該吃桃！」

　　桃子已經吃完了，田開疆卻邁開大步走出來，道：「我曾經

　　　　　　　　　　　奉命討伐徐國，殺了他們的主將，俘虜
　　500多人，使徐國國君滿心恐懼，趕緊向我們投降求和。鄰近的幾個小國
也害怕了，紛紛歸順齊國。請問這樣的功勞，該不該吃桃？」晏子趕忙安慰：「田將軍
的功勞比公孫將軍和古冶將軍大了10倍，可惜桃子已吃完了。請國君賜一杯酒吧，要吃
桃子，只能等明年了。」

　　可田開疆忍不下這口氣，他手按寶劍，怒氣衝天地喊：「打虎殺龜有什麼了不起？我
跋涉千里，出生入死，反而吃不上桃，令我在兩國君主面前受這樣的羞辱，被後代萬世
恥笑，我還有什麼臉站在朝廷上，還有什麼臉活著？」說罷，竟揮劍自刎而死。

　　公孫捷吃了一驚，萬萬沒想到田將軍會這麼極端。他說：「我的功小卻搶先吃了
桃，田將軍功大卻沒桃可吃，這不公平。我取桃時不知道謙讓，是不廉潔；眼看朋友死
去而無動於衷，是缺乏勇氣。我更沒臉活了。」說完也自殺了。

　　古冶子大叫起來：「我們3個人情同骨肉，同生共死。現在他們倆死了，我一個人活
著也沒意思。」說完也拔劍自殺。

　　就這樣，晏子不動聲色，用兩個桃殺死了3個勇士，為齊國除掉了3個禍害。

孔子周遊列國

　　孔子名叫「孔丘」，字「仲尼」，是春秋末期魯國人。他的父親年老時娶了很年輕的妻子。這樁婚姻在當時的人們看來是有問題的，所以孔子很受人歧視。孔丘3歲時父親死了，他們母子的生活變得更加艱難。日子雖苦，但孔子很有志氣。他非常好學，逐漸精通了禮、樂、射、御、書、數等知識，成為一個知識淵博的人，名聲也逐漸傳開了，許多人都願意拜他為師。

春秋時代天下大亂，人們的思
想和行為也失去了規範。孔子虛心求教，苦苦
思索，尋找解決問題的辦法。他得到的結論是：應該恢復周禮，
要像西周鼎盛時期那樣，諸侯全聽天子的調遣，上愛下，下敬上，各守本分，這樣
天下才能太平。為此，他不但刻苦研究周禮，還尋找一切機會去實踐。大約從30歲開始，
孔子廣招學生，傳授他的禮義思想和各種技藝。相傳他有弟子三千，賢人七十二個。

　　在51歲那年，孔子終於有了用禮樂正道報效國家的機會。這時，孔子正在魯國當官。
魯國和齊國山水相連，卻是面和心不合。魯國的威望不斷提高，齊景公擔心這會威脅到
齊國的地位，就邀請魯定公在夾谷舉行會盟。誰知宴會當中，齊景公竟讓300個外族武
士手拿武器上來跳舞，場面混亂而且殺氣騰騰，嚇得魯定公臉都白了。

　　這時孔子快步走上前去，說：「兩國國君正在莊嚴地會見，野蠻無禮的歌舞為什麼會

出現在這裡？」齊景公原想給魯國君臣一點顏色看看，讓孔子這樣一說，有些不好意思，只得擺了擺手，讓武士退下。

接著，齊國司儀又讓人演奏雜耍一樣的音樂。孔子大聲喝道：「用不正派的音樂戲弄諸侯，應該斬首啊！請齊國司馬執法！」齊國君臣都被孔子的一身正氣鎮住了，魯國取得了外交上的勝利。

夾谷之會的勝利使孔子對西周的禮樂制度充滿信心，他開始實行自己的政治主張。當時魯國國君的權力受到三家大貴族的侵害，國家的許多政令都是由他們來決定。孔子對魯定公說：「周禮規定，大臣不能有私家軍隊，封地的城牆也不能超過300丈。現在這三家勢力過大，不合規矩。其中季氏還舉行八佾之舞，那是只有周朝天子才能

用的啊！這樣下去可不行！」魯定公當然很願意削弱三大貴族的勢力，可這事做起來卻很難。最後魯定公動用了武力，才拆了兩家的城堡。

孔子在內政上也取得了暫時的勝利，國內的秩序安定下來。有人不小心丟了東西，他肯定會在原地方找到。人們夜裡敞著大門睡覺，也不用擔心有賊來偷東西。

孔子在魯國的成就使齊國很憂慮，齊景公決心挑起魯定公和孔子的矛盾，就送了80個美女和100多匹好馬給魯定公。魯定公非常動心，可他知道，一本正經的孔子一定會反對接受這批禮物的，於是讓使臣將運送禮物的車輛停放在魯國都城的南門外，他裝作到各處巡視的樣子出了城，一頭栽進美女和好馬堆裡去了。日久天長下，沉醉在美女歌舞裡的定公對孔子的勸諫越來越感到厭煩。

孔子看到在魯國不能實現自己的理想，就帶領弟子們離開魯國，周遊天下，宣傳自己的思想學說。這時他已經55歲了。

孔子領著一班弟子來到衛國。衛靈公很尊重孔子，但他想知道怎樣列陣打仗，孔子卻主張以「仁、義、禮、樂」來治理天下。

兩人根本沒有交集。當孔子認真宣揚他的政治理想時，衛靈公卻仰頭看著天上的飛雁。孔子又來到曹國，曹國國君也是一樣。他們又到了宋國，宋國給他們的待遇更奇特：孔子和學生們正在一棵大樹下研究學問，一個大臣竟派人把那棵樹砍倒。孔子無可奈何，只好到鄭國。

周遊了好幾個國家，孔子的學說都沒得到君主的支持，他心裡很難過。這一天，孔子思索著新的去處，不知不覺走到鄭國都城東門外。學生子貢找不到老師，很著急，碰見人就問。有人笑嘻嘻地告訴他：「我看見有個人，長得很體面，兩腮像堯帝，脖子像有名的法官皋陶，肩膀像大政治家子產，腰以下又像治水的大禹，只不過短了三寸。他在東門外走來走去，就像無家可歸的狗，不知是不是你的老師。」

子貢趕到東門外，果然找到了孔子。他把剛才那人的話告訴了老師。

孔子一聽就笑了，說：「說我像條喪家犬，一點也不錯啊！」

後來孔子又到了陳國、蔡國一帶，楚昭王聽說了，就派使者去請他。楚國是陳國、蔡國的敵人，兩國因此把孔子他們當成敵國的奸細包圍了3天。孔子和學生們餓得頭暈眼花，臉帶菜色，快要支持不住了。這時孔子拿出琴，坐在地上從容地彈起來。第四天，楚國的兵馬終於趕來了，孔子等人才轉危為安。就這樣，孔子在各國間奔來走去，歷盡艱辛，飽受揶揄（音 ㄧㄝˊ ㄩˊ），但始終豁達而樂觀，不改變初衷。

63歲時，孔子回到魯國，開始專心教授學生，同時整理《易》、《禮》、《尚書》、《詩經》、《樂》等古代文化典籍，並修訂了我國第一部編年體史書《春秋》。

西元前479年，孔子去
世。他不僅為中國，也為世界
留下了寶貴而豐富的思想遺
產。他所開創的儒家學說，
對後世的學術思想影響
巨大，即使在今天，也
還很有生命力。

伍子胥鞭屍

　　楚平王很重視對太子建的培養，特地為他選了兩個有本事的師傅，一個是費無忌，另一個是伍奢。這一年，楚平王派能言善道的費無忌到秦國為太子建求婚，秦哀公答應了，把妹妹孟嬴許配給太子建。費無忌一心想討好楚平王，看到孟嬴非常漂亮，就說：「大王不如自己娶了她，另外給太子物色個妃子也就是了。」平王是個好色的人，未經考慮便聽從費無忌的話。不想，這項舉動為楚國埋下了禍根。

　　當時，太子建正駐守在外地，伍奢和兒子伍尚、伍員與他在一起。太子知道此事，心裡很不高興。費無忌做賊心虛，害怕將來太子即位後，自己會被殺頭，便在平王面前誣陷太子，說他心懷不滿，和伍奢陰謀起兵造反。平王起了疑心，就把伍奢召來查問。

　　伍奢是個直腸子，一聽這種造謠的話差點氣炸了，說：「大王聽信小人的挑撥，娶了太子的未婚妻，已經很不對了，怎能再無端地懷疑自己的骨肉

謀反？」楚平王被人當面指責，惱羞成怒，下令把伍奢抓起來，關進監獄。

他又派人去抓太子建。太子建得到消息，趕忙逃到宋國去了。

費無忌又對平王說：「伍奢的兩個兒子武藝高強，本領非凡，他們要是和太子勾結起來，將來一定是楚國的禍害。」平王覺得很對，於是命令伍奢：「寫信把你的兩個兒子叫來，我就可以放了你；如果他們不來，你的死期就到了。」

伍尚接到信，即使明知道是費無忌的奸計，還是決定去見平王，他以為這樣能代替父親去死。伍員卻說：「他們是要把我們父子殺光。我們趕快逃走吧，將來還有希望給父親報仇。」兩人還沒有商量好，平王的人已經衝進來抓人。伍尚迎上前擋住來人，伍員趁機跳過矮牆，鑽進屋後的樹林，又用弓箭逼退追兵，這才逃脫。

伍尚到了楚國都城郢都，果然和父親一起被殺害了。緊接著，平王下令懸賞捉拿伍員。

伍員又叫伍子胥，他和父親、哥哥忠心保衛楚國，父兄卻無辜被殺。這令他萬分悲痛，仇恨難當，「此仇不報，誓不為人！」他趕往宋國去投奔太子建。不久，宋國發生內亂，他們慌忙逃到鄭國。誰知太子建一時頭昏，與晉國秘密商定，要做內應謀害鄭定公。事情敗露後，太子建被殺。伍子胥帶著太子建的兒子公子勝逃離鄭國，準備去與楚國敵對的吳國。可要去吳國，必須經過楚國邊境上的昭關。昭關夾在兩座大山之間，楚平王料到伍子胥會去吳國，特派一名大將領兵駐守關口，仔細盤查過往行人。

伍子胥和公子勝快到昭關時，忽然有個老人上前問道：「伍將軍要去哪兒？」伍子胥嚇了一跳，趕緊說：「老人家，我不姓伍。」老人笑咪咪地說：「我做了一輩子郎中，救人是我的本分。我在關城看見過你的畫像，所以知道你是誰。你這樣過去，不是自投羅網嗎？」

原來這位老人叫東皋（音 《ㄠ）公，他對伍子胥父子的不幸遭遇很同情。伍子胥不敢逞強，只好聽從老人建議，住進他家裡。當晚，伍子胥怎麼也睡不著，最近的經歷使他心亂如麻，愁恨交加。昭關擋在面前，千思萬想不知怎樣過去，他的心像針扎一樣難受。

第二天，東皋公一見伍子胥的面就驚叫起來：「你的頭髮、鬍子怎麼全白了？」伍子胥嚇了一跳，「天啊！我大仇未報，怎麼突然就老了？」東皋公給他診了脈，說：「還好，你沒病，也沒老，這是憂愁造成的。不過這樣倒容易過關了。」老人又找了一個朋友，叫皇甫訥，身材和伍子胥相仿。大家裝扮了一番，便向關口走去。

到了關前，當士兵對照畫像盤查行人時，皇甫訥突然慌慌張張走上前。士兵看他形跡可疑，就抓住他仔細跟畫像比較。嘿，還真像！於是士兵把他當伍子胥抓了起來。這樣，伍子胥才趁亂混出了昭關。

伍子胥歷盡千辛萬苦，終於抵達吳國。當時，吳國的公子光正謀劃奪權，很需要有勇有謀的人來幫助，因此伍子胥一到，便被公子光請去。在伍子胥的協助下，公子光刺殺了吳王僚，自己

即位，稱吳王闔閭（音ㄏㄜˊㄌㄩˊ）。伍子胥把報仇的希望寄託在闔閭身上，他和大軍事家孫武一起，精心為闔閭訓練軍隊。

6年以後，吳王闔閭親自掛帥，任命孫武為主將，伍子胥為副將，統領6萬大軍攻伐楚國。吳軍一路長驅直入，五戰五勝，把20萬楚軍打得落花流水，直逼楚國的郢都。這時楚平王已死，他的兒子楚昭王嚇破了膽，丟下京城和百姓，自己逃命去了。

吳王闔閭率領大軍浩浩蕩蕩開進郢都，在楚王的宮殿上舉行慶功宴會。吳軍將士個個興高采烈，只有伍子胥悶悶不樂。闔閭不解地問：「你的仇已經報了，怎麼還這樣不開心？」伍子胥說：「我最恨的楚平王死了，他的兒子又已逃走，我心裡的仇恨難消，所以不高興。請大王允許我挖開楚平王的墳墓，拉出他的屍體，斬首示眾。」闔閭同意了。

伍子胥領著士兵，挖開了平王的墳墓，打開棺材一看，只見平王的屍首還很完整。伍子胥怒氣衝天，抄起鞭子，一口氣抽了300下，把那屍體抽得破破爛爛。他還不解恨，又惡狠狠地咒罵著砍下平王的頭，把屍骨全拋到野外。

伍子胥終於報了仇，雪了恨。

臥薪嘗膽

吳國的南面是越國。越國開化雖晚，發展卻快，不久就威脅到吳國。一心想做諸侯霸主的吳王闔閭，決定先征服越國，再去跟北方的諸侯爭奪霸權。西元前496年，越王允常去世，他的兒子句踐即位。闔閭認為這是個好機會，便不顧伍子胥的反對，帶兵攻打越國。沒想到越國人十分勇猛，把吳軍打得大敗。闔閭身受重傷，死在回國路上，他兒子夫差做了吳王。夫差拜伍子胥為相國，立志要為父親報仇。為了鞭策自己，他讓人每天早晚對他喊：「夫差，你忘了殺父之仇嗎？」他總是流淚回答：「沒有，不敢忘。」他讓伍子胥和伯嚭（音 ㄆㄧ）訓練水軍，自己親自訓練步軍，全力準備了3年，然後發兵攻打越國。越王句踐急忙召集大臣商討對策。大夫范蠡（音 ㄌㄧ）和文種認為吳軍來勢兇猛，不能跟他們正面交鋒，不如求和。可是句踐不同意。兩軍在太湖上展開激戰。吳王夫差站在船頭親自擊鼓，將士們奮勇爭先。天公也來助威，適時颳起北風。吳軍借著風勢，船划得飛快，箭射得十分有力。越軍則完全處於被動挨打的地位，最後幾乎全軍覆沒。句踐棄船逃到會稽山上。吳軍上岸追趕，把會稽山團團圍住。句踐見自己的3萬軍兵只剩下5000人，不禁流下眼淚。

文種說：「我們被圍困，軍士大多帶傷，不能再戰，不如跟吳國講和吧！」句踐說：「吳軍氣勢正旺，吳王又跟我們有殺父之仇，會同意講和嗎？」文種說：「伯嚭貪財好色，又很會迎合吳王的愛好，可以買通他，讓他替我們說話。」

於是，文種帶了8名美女、20雙玉璧和大量金子，趁黑夜潛到吳軍營地。他找到伯嚭，獻上長長的禮單，又說了一大堆好話，許下天大的好處。伯嚭動了心，第二天他果真說動夫差，撤兵與越國講和。

越王句踐把國內的事託付給文種，自己帶

夫人和范蠡等，來到吳國做人質，這是吳王講和的條件之一。

夫差故意羞辱句踐，讓他住在闔閭墳墓旁的石屋裡，專管養馬。夫差出門時要他牽馬，進屋時要他脫鞋，就連上廁所也要他伺候。據說，夫差生病時句踐還被迫品嚐過糞便。對於這些欺侮，句踐百依百順，毫無怨言，任憑吳國人譏笑指點。就這樣忍辱負重，在吳國服了3年苦役，馴服、恭順得超過所有奴僕。文種則按時向吳王進貢，並暗中給伯嚭送禮，讓他不住在吳王面前替句踐說好話。夫差也覺得句踐很好，最後，他竟不顧伍子胥的反對，放他們一行人回國了。

句踐一回國，立刻開始為滅亡吳國作準備。為了不忘在吳國為奴的恥辱，他把都城遷到會稽。怕安逸的日子消磨了自己的意志，他睡在柴草上，又在門口懸掛一枚苦膽，每頓飯前都要嚐嚐苦味。他親自下田耕種，讓夫人養蠶織布，讓大臣幫助百姓解除疾苦。結果越國上下一心，全面努力，很快就恢復了生機。

為了不使夫差起疑心，句踐經常派使者去進貢。夫差喜歡什麼，他都想盡辦法弄來獻上。聽說夫差要改建姑蘇台，他就派人送去又長又大的木材。夫差喜出望外，下令按這些木材的尺寸重新設計，使姑蘇台的規模比原計劃大了好幾倍，用了8年才造好，勞民傷財。句踐又讓范蠡找了越國最美麗的姑娘西施和鄭旦，送給夫差。夫差得到天仙一樣的美女，神魂顛倒，連國事都忘在腦後了。

經過10年努力，越國兵精糧足，比戰前還強大。而吳王夫差還沉浸在戰勝者的榮耀中，狂妄自大，對越國的意圖毫無警覺。同時由於連年用兵，吳國的國力一天比一天貧弱。伍子胥將這一切看在眼裡，十分著急。他經常面諫吳王，反對他放縱自己，不理國事。夫差終於惱了，他找了個藉口，賜伍子胥自殺。伍子胥臨死時說：「把我的眼睛挖出來，掛在東門上，我要看著越國的人馬攻進姑蘇城！」

西元前482年，夫差約晉國、魯國、衛國的國君在黃池會盟。周敬王賜給夫差一張大弓和一塊祭肉，表示承認他的霸主地位。就在這時，越王句踐率領大軍攻進了吳國。經過3天激戰，越軍佔領了吳國都城，活捉了太子。夫差聽到消息，趕忙帶兵回國。可是士兵連年在外，這時都無心作戰。夫差又急又惱又後悔，只得向越國請求講和。句踐看到吳國還有一定實力，便答應了。從此，越國不再向吳國稱臣，也不再進貢了。

4年以後，越王句踐再次發兵攻打吳國。越軍分成兩路，借黑夜掩護，左右輪番進攻。吳軍被動地左抵右擋，連續打了幾回敗仗。伍子胥死後升任相國的伯嚭一看抵擋不住，首先投降了。越軍趁熱打鐵，一直向前推進，最後把夫差圍困在陽山上。夫差無可奈何，只得向句踐求和，說自己願意像當年的句踐那樣，對越國稱臣納貢。文種和范蠡都認為在這個時刻不能心慈手軟，他們對句踐說：「大王臥薪嚐膽，發奮圖強，苦熬20多年才有了今天。現在應該堅決除掉夫差，滅亡吳國，不留後患！」

事到如今，夫差才想起伍子胥的話，羞愧難當，後悔難言。他用衣袖遮住臉，連聲說：「我實在沒臉去見伍子胥啊！我死後，你們一定要把我的臉蒙上，我沒臉見伍相國！」於是吳王夫差上吊自殺。吳國兵將死的死，逃的逃，剩下的都投降了。

西元前479年，越王句踐徹底吞滅吳國，殺了伯嚭。接著又乘勝渡過淮河，在徐地和齊國、晉國、宋國、魯國的諸侯會盟，句踐為盟主。會盟後，句踐派人給周元王送去貢品，周元王也賜了一塊祭肉給他。

臥薪嘗膽的句踐，終於做了春秋時代的最後一個霸主。

三家分晉

晉國在春秋時曾經十分強大，但到戰國時卻消失不見了。
這是怎麼回事呢？原來，晉文公稱霸諸侯的時候，手下
有十幾位有名的卿、大夫。這些人是晉文公的得
力助手，為晉國的霸業立下了汗馬
功勞。後來，他們的家

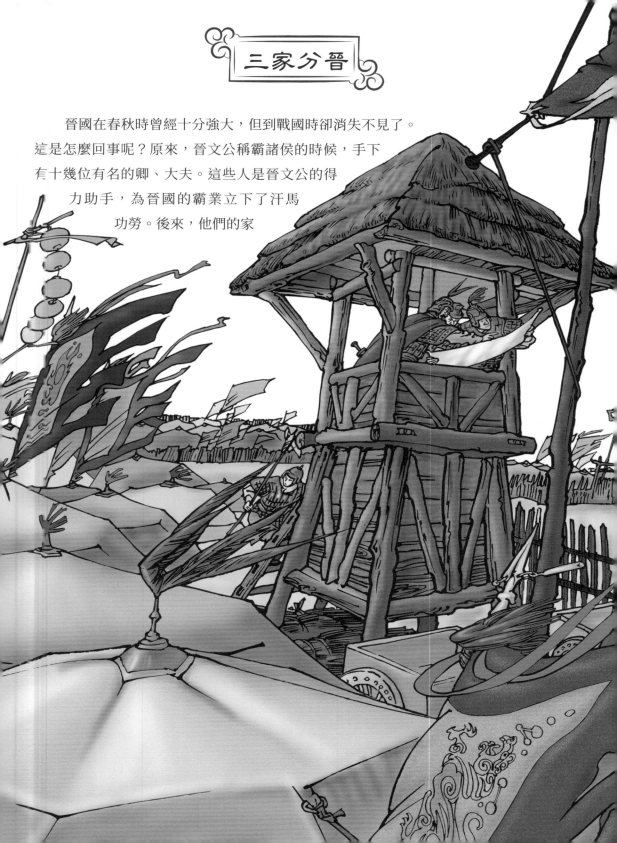

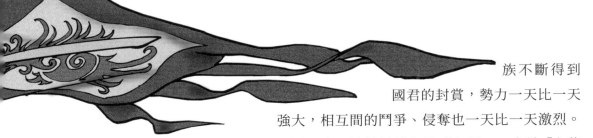

族不斷得到國君的封賞，勢力一天比一天強大，相互間的鬥爭、侵奪也一天比一天激烈。

到了春秋末期，這十幾家貴族只剩下最強的6家，這就是著名的「六卿」，或稱「六將軍」。六卿實際上控制了晉國，連國君也不放在眼裡，他們自己更是明爭暗鬥，誰也不服誰。不久，六卿中的范氏和中行氏又被吞滅，只剩下趙、魏、韓、知4家。

當時這四家的大夫是趙襄子、魏桓子、韓康子和知伯，其中知伯的勢力最強。他時刻都想吃掉別人，自己做晉國國君。可是怎樣才能吃掉那3家呢？他的一個謀臣獻計說：「我們以國君的名義，讓那3家各獻出100里土地。誰要是不給，就以晉君的名義去討伐他。」知伯不由拍手稱讚：「這個主意好！」

知伯果然派人去跟3家要地。韓康子和魏桓子害怕知伯的權勢，心裡雖然不願意，但還是如數獻出土地。趙襄子卻很乾脆地拒絕：「土地是我的祖宗傳下來的，我怎能隨便送人？」知伯見趙襄子公然與他作對，氣得火冒三丈，馬上聯合韓、魏兩家，共同出兵攻打趙家。他們事先商量好了，勝利之後，趙家的土地由3家平分。

趙襄子見3家的聯合大軍浩浩蕩蕩開來，知道自己打不過他們，不敢硬拚，便帶著家丁連夜退到趙家的封地晉陽。很快，晉陽城被知伯率領的大軍圍了個水泄不通。趙襄子急忙找來謀士商量對策。

晉陽城經過趙家祖輩的苦心經營，修築了堅實的城牆，準備了充足的糧食。可是趙襄子看見自己的軍隊裝備簡陋，刀劍破舊，弓箭也少，心裡還是很著急。謀臣張孟說：「我聽說先主修建城地時，有些柱子是用銅鑄成的，宮牆裡面砌滿了蘆柴和荊條，都是為可能出現的緊急情況預備的。我們可以拆幾根銅柱做箭頭或戈矛，把牆內的蘆柴和荊條拿來做箭杆。」趙襄子馬上派人去扒圍牆，拆柱子，一看果真如此。那些蘆柴和荊條都是精選出來的，又經過防腐防蟲處理，至今還很堅硬。趙襄子樂得合不攏嘴，十分感激祖先想得周到。他命人連夜趕造各種武器，隨時準備回擊知伯他們的進攻。

　　知伯只知道趙襄子匆匆忙忙逃到晉陽，以為城內糧草兵器一定不足，只要足足圍上一陣子，城裡的兵器打光，糧食吃盡，趙襄子不乖乖投降才怪呢。沒想到整整圍困了兩年，那晉陽城硬是巋然不動！這可把知伯急壞了，他就像熱鍋上的螞蟻，到處亂轉。

　　這一天，知伯去查看地形。他看見晉水從晉陽城外滾滾流過，忽然心念一動，想出了一個破城的好辦法。他連忙回營，下令在晉水旁挖河築壩，修建蓄水庫。堤壩挖好了，雨季也到來了，暴漲的河水被圈在水庫裡，像兇猛的野獸一樣讓人望而生畏。知伯一聲令下，士兵們扒開了堤壩，洶湧的洪水直奔晉陽而去。

　　剎那間，城外變成了白茫茫一片汪洋，城裡平地也有三尺水高。爐灶沖塌了，房屋東倒西歪，人們吃飯睡覺都成了問題，生病的人越來越多。晉陽城眼看就要守不住了，趙襄子心急火燎，只想出城跟知伯拚個你死我活。

　　這時張孟說：「主公別急。我倒有個辦法......」

　　當天夜裡，軍士用繩子把張孟墜送到城外。他溜進韓、魏兩家的兵營，對韓康子和魏桓子說：「俗話說得好，唇亡齒寒。知伯是要獨霸晉國的，今天滅了趙家，下一步就輪到你們兩家了。我們三家應該聯合起來，共同消滅知伯才能免於滅亡啊！」韓康子和魏桓子本來也不想聽知伯的，可又擔心背叛知伯會比趙家滅亡得還早，所以猶豫不決。

　　幾天後，知伯約韓康子和魏桓子一起察看水勢。看著滔滔洪水，得意忘形的知伯想像著晉國不久就是知家的天下了，情不自禁地說：「以前我只知道河水是天然屏障，可

以用來守城，現在才
知道它也可以毀掉一個國家呀！
晉水能淹沒晉陽，那汾水和絳水不也能淹沒安邑
和平陽嗎？」

　　韓康子和魏桓子聽了大吃一驚，臉都嚇白了，因為靠近汾水的安邑是韓家的封地，而
絳水邊的平陽正是魏家的封地！兩人終於下定了聯趙抗知的決心。

　　夜裡，韓魏兩家扒開了知伯營寨的擋水大壩。洪水咆哮著奔向知家大營，知家軍大
亂。知伯從睡夢中驚醒，趕忙划一個小木筏逃走。可是他剛到河邊，就被埋伏在那裡的
趙家軍捉住。趙襄子當眾列數了他的罪狀，把他處死了。

　　消滅知伯後，韓、趙、魏3家立即瓜分了知家的地盤。後來，他們又瓜分了晉國國
君的土地，這就是「三家分晉」。接著，3家向周天子討來封號，正式建立了3個諸侯
國 —— 韓國、趙國和魏國，成為戰國七雄中的三雄。

商鞅變法

　　戰國初期，秦國在政治、經濟、文化各方面都比較落後，被中原各國看做野蠻不開化的國家，經常受到欺壓侵奪。年輕的秦孝公即位以後，決心發奮圖強，改變國家面貌。他下了一道「求賢令」，說：「不管是誰，只要有好辦法使秦國富強起來，就封他高官，並賞給土地。」不久，一個叫衛鞅的青年來應徵了。

　　衛鞅原姓公孫，因為是衛國人，所以又稱衛鞅。由於衛國弱小，衛鞅就到魏國尋找發展的機會，在國相公孫痤（音ㄘㄨㄛˊ）家做門客。不久，公孫痤得了重病，臨死前對魏王說：「衛鞅有奇才，希望大王重用他。如果不願重用，務必殺掉他，以免他被別國任用，危害魏國。」魏王見衛鞅年輕，也沒什麼名望，就沒把這話放在心上。衛鞅見在魏國沒有施展才能

的機會，又聽說秦孝公張榜招賢，就決定前往秦國。

　　衛鞅設法見到了秦孝公，講明一套富國強兵的理論和方法。秦孝公聽得津津有味，連飯都忘了吃。一連好幾天，兩人都在討論國家大事，談得十分投機。最後，秦孝公決定重用衛鞅，改革舊的制度，推行衛鞅提出的新法令。秦國的貴族都很吃驚，紛紛起來反對。秦孝公無法說服他們，只好讓衛鞅和他們展開面對面的辯論。

　　大臣甘龍等人的理由是：「現行的制度是老祖宗定的，不能改！」「按先王傳下來的規矩辦事，即使不成，也沒什麼過錯。用新法就是不孝，就是歪門邪道！」衛鞅卻說：「治國從來就沒有一成不變的方法。從前，商湯和周武王沒按古法辦事，卻得了天下；夏桀和商紂雖然沒變舊法，卻都亡了國。可見改變舊法不一定是錯，對國家有好處才是一切的根本。」

　　辯論堅定了秦孝公的決心，他任命衛鞅為左庶長，負責變法
方面的事情。

　　衛鞅很快就把變法方案制定出來了。新法公佈前，怕老百姓不相信，推行不開，衛鞅就想了個辦法。他在都城的南門外豎起一根3丈長的木頭，在旁邊貼了一張告示：「誰能把這根木頭扛到北門，賞黃金10兩。」

　　南門外來往的人很多，不一會兒，木頭周圍就圍滿了人。大家看看木頭，再看看告示，心裡嘀咕：這根木頭沒有多重，搬到北門不是難事，怎會賞10兩金子？有人說：「天下哪有這樣便宜的事！說不定這裡設了什麼圈套呢！」人們疑惑不解，誰也不敢去扛木頭。

　　衛鞅說：「大家是不是嫌賞金少呀？那好，我再加40兩。誰肯把這木頭扛到北門，賞50兩黃金。」這一下，大家更加覺得奇怪了：這新上任的左庶長到底要幹什麼呀？不是把咱老百姓當猴耍吧？這時，一個精壯漢子分開眾人，說了聲「我來試試」，扛起木頭就走。人們都好奇地跟著，一直跟到了北門。只見左庶長拍拍那漢子的肩膀，誇獎說：「好樣的，有膽量！我公孫鞅說一不二，這就發賞金。」大家看著50兩金子落到了那個漢子手裡，全都歡呼起來。

　　這事很快就傳開了，人們都
說：「左庶長果然說話算數。以後，
凡是他的命令，我們可不能不照辦。」
　　幾天以後，衛鞅以秦孝公的名義頒布了新法令，主要內容有三
項：一是獎勵殺敵立功，以軍功大小來賞賜官位和財產。二是把老百姓組織起來，
5家編成「一伍」，10家編成「一什」，一家犯罪，其餘9家必須告發，否則都與犯
人同罪。外出必須攜帶證件，沒有證件的，各地都不准留宿。三是獎勵發展生產，
耕種、織布多的，免除一家人的勞役，懶惰的則受罰。

　　新法令剛開始推行，就遇到很大的阻力。
因為無論是誰，不去打仗立功，就不能做官
封爵，只能享受平民待遇，這使那些貴族十分
不滿。在他們的慫恿下，太子也站出來反對新
法。這讓衛鞅感到很為難，雖然法令上明明規
定，任何人反對新法，都必須治罪，但太子
是國君的繼承人，怎麼好隨便加刑？衛
鞅左思右想，決定以背後唆使的罪
名，把太子的兩個老師判了刑：
割掉公子虔的鼻子，在公孫賈臉
上刺了字。同時還在渭水河畔鎮壓
了700多個破壞變法的舊貴族，並把
一批反對新法的人流放到邊遠地區開
荒種地。從此百姓們更加信任新的法律
制度，那些貴族大臣們也受到極大的震

撼，再沒人敢出來反對新法了。

　　新法推行了10年，給秦國帶來很大變化。老百姓豐衣足食，軍隊糧草充足，士兵勇敢善戰。秦孝公十分高興，又提拔衛鞅擔任秦國最高的官職「大良造」，讓他進行第二次變法，內容包括：把都城遷到咸陽，建立郡縣制，廢除「井田」制，鼓勵百姓開荒，統一度量衡等。

　　衛鞅兩次變法，前後用了近20年時間，使秦國從落後的弱國一躍成為兵強馬壯、人丁興旺的強國，在戰國七雄中具有舉足輕重的地位。秦孝公非常高興，把商於一帶15座城鎮封給衛鞅。從此，人們就稱衛鞅為「商鞅」了。

　　幾年後，秦孝公死了，太子即位，就是秦惠文王。惠文王以前反對新法，被商鞅定罪，連帶讓他的老師被判刑，所以他一直懷恨在心。公子虔和公孫賈受刑後一直覺得沒臉見人，這時也出來報仇了。他們煽風點火，誣告商鞅要造反奪權。商鞅為變法而樹立的敵人終於逮捕了他，並用「五馬分屍」的酷刑將他殺害了。

　　可是，商鞅推行的新法卻已在秦國扎下了根，它為後來秦國統一中原打下了堅實的基礎。

孫臏與龐涓

　　孫臏和龐涓都是鬼谷子老師的學生，兩人情同兄弟。在他們臨近畢業的時候，魏惠王看見商鞅變法使秦國由弱變強，也決定用重金招募天下的能人。龐涓得到消息，首先下山應召。他成功了，魏惠王讓他擔任了魏國的大將兼軍師。他不辜負魏王的信任，連續打了幾場勝仗，成了魏國的第一功臣。

　　不久，魏惠王聽說孫臏本領更強，就讓龐涓寫信把他請來。龐涓知道自己不如孫臏，擔心孫臏會對自己的地位造成威脅，但又不能違抗魏王的命令，只好極不情願地把孫臏請來。孫臏很感激龐涓向魏王推薦了自己，龐涓卻一直在琢磨怎樣把他趕走。

　　一年後，龐涓想出一個毒招。他偽造了一封信，說是孫臏寫給齊國國君的，信裡表示要盡力為齊國效勞，然後龐涓就拿著這封信去向魏惠王告發。當時魏、齊是敵國，孫臏是魏王花重金聘請來的客卿，他私下裡跟齊王通信就是對魏王的背叛。魏惠王大為惱怒，一氣之下，命人把孫臏的膝蓋骨挖去，還在他臉上刺了「罪」字。孫臏有口難辯，悲痛萬分，不明白究竟是誰，又為什麼加害於他。

受了刑的孫臏成了殘廢，龐涓把他接到家裡，細心照顧，還指天發誓要為他報仇。

孫臏很感激，當龐涓提出要他寫出家傳的兵法書時，他立即答應了，龐涓心裡暗喜。

孫臏寫兵書寫得十分賣力，幾乎到了廢寢忘食的地步。當時紙還沒有發明，在竹木上寫字要用刀子刻，孫臏的手都磨出了血。照顧孫臏的僕人看他可憐，不禁歎氣說：「孫先生，你寫了做什麼？你把肚子裡的兵書全掏出來，你也就沒用囉！」孫臏大吃一驚，忽然明白龐涓的歹毒和陰謀。他大叫一聲，一頭栽倒在地。醒來後，他不但把寫好的竹簡全拋到了火裡，還使勁撕扯自己的頭髮，又哭又笑。

龐涓叫人把他拖到豬圈裡，他就挨著豬躺下，還抓起豬糞往嘴裡塞。龐涓以為他真的瘋了，也就不再防著他，只是遺憾沒有得到他肚子裡的《孫子兵法》。

孫臏雖然受了極大的刺激，卻不是真瘋。他

知道自己逃不出龐涓的魔掌，才不得已想出裝瘋的計策。

　　一天，齊國的使者來到魏國，見到了孫臏。他們把他藏進車裡，卻讓另外一個人穿了他的髒衣服繼續睡在豬圈。孫臏就這樣逃離了魏國，成了齊國大臣田忌的謀士。田忌覺得孫臏有將才，又把他推薦給齊威王。

　　西元前353年，魏惠王派龐涓帶兵攻打趙國，包圍了趙國都城邯鄲（音「ㄏㄢˊㄉㄢ」）。趙國支撐不住，急忙向齊國求救。齊威王打算拜孫臏為大將，率軍救趙。孫臏卻說：「我是受過刑的殘廢人，我做主將，別人會嘲笑咱們齊國沒人了。」於是，齊威王改拜田忌為大將，孫臏為軍師，讓他坐在車裡出謀劃策。

　　田忌準備率領大軍，直奔趙國戰場。孫臏攔住了他，說：「趙國不是龐涓的對手，只怕我們還沒趕到，邯鄲已被攻下。如果我們去攻打魏國的襄陵，龐涓一定會回來救援，這樣不但解了趙國的危急，還可以在半道上打擊魏軍。」田忌聽了，連連稱好，就按孫臏的計策行事，一方面做出要進攻襄陵的架式，另一方面又在魏軍回防襄陵的路上設下重兵埋伏。

　　龐涓聽說齊國軍隊去攻打襄陵，果真慌了，說：「襄陵要是丟了，國都也會受到威脅。」也連忙從邯鄲撤兵，急急忙忙去救襄陵。

　　魏軍長期在外作戰，加上急速行軍，都很疲勞，不料半路上又中了齊軍的埋伏，還沒弄清是怎麼回事，就被打得落花流水。龐涓看到齊軍戰旗上有個大大的「孫」字，不由得大吃一驚：「呀！這瘸子還活著，我上了他的當

了！」他趕忙收拾殘兵敗將，狼狽地逃回了魏國的都城。

這就是中國歷史上非常有名的「圍魏救趙」。

過了10多年，魏惠王派龐涓率全國的軍隊攻打韓國。韓國連吃敗仗，不斷派人向齊國求救。齊威王重新起用田忌和孫臏，讓他們統率5萬大軍去救韓國。

孫臏知道魏國的精銳部隊全在韓國，就又採用「圍魏救趙」的戰術，領兵去攻魏國的都城大樑。龐涓十分惱怒，只得撤兵回國。

　　魏軍一到，齊
軍趕忙退兵，氣得
龐涓率領大軍一路
緊追。第一天，在經過齊軍
住過的營地時，龐涓發現留
下來的爐灶竟夠10萬人吃飯用，不由大驚，
心想：這麼多人馬啊！我可得小心謹慎！等
第二天追到下一個營地，數一數爐灶卻只夠
5萬人做飯了。再往前趕，齊軍的爐灶更少，
只夠3萬人用。龐涓想了想，不禁大喜，說：「我早知道齊國人膽小怕死。他們進入魏國
才3天，士兵就逃跑了一大半，剩下的，還敢跟我們兵刃相見嗎？」於是，龐涓親自率領
兩萬精銳部隊，日夜兼程，直逼齊軍。

　　龐涓永遠不會想到，這「減灶法」正是孫臏的誘敵之計，目的就是要他輕敵，然
後不顧一切來追趕。孫臏估計著龐涓的行程，預先在一個叫「馬陵道」的地方設下了埋
伏。

馬陵道夾在
兩山之間，道路狹
窄，地勢險要。孫臏令士兵
砍倒道旁的大樹，堵塞了道
路，只留下一棵樹，刮去樹皮，在
白白的樹身上寫幾個大字，接著吩
咐軍士埋伏在兩旁山上，夜裡只要
看到火光，立刻放箭。

夜晚，龐涓果然趕到了馬陵
道。見山路被堵，龐涓就指揮士兵清理路障。忽然，他發現山根下有一棵大樹，孤零
零立在那裡，白白的樹身上好像還有字。黑夜中他看不清寫的是什麼，就讓士兵點起
火把。藉著火光一看，卻是「龐涓死此樹下」幾個大字！龐涓來不及反應，只聽見咻咻
一片聲響，無數支利箭一起朝著火把照亮處射來。魏軍大亂，四散逃命。龐涓身上中了
幾箭，知道逃不出去，便拔劍自刎了。

齊軍大獲全勝，魏國的太子申也做了俘虜，孫臏從此名揚天下。

一士興國

戰國時代，得一士而得天下，失一士而亡國家的事時有發生。燕國和齊國的興衰就是這樣。

燕王噲貪酒好色，懶於操心國家大事，卻想得到堯舜禪讓的美名，便把王位讓給了相國子之。子之很高興，可是國人不服，燕國因此出現內亂。齊國藉口為燕國平亂，出兵佔領了燕國，子之和燕王噲都死在亂兵中。

燕國人明白齊國軍隊是來滅亡燕國的，於是紛紛起來反抗。他們找到燕王噲的一個兒子，擁戴他做了國君，這就是燕昭王。

燕昭王看到國家遭受嚴重破壞，非常痛心，一心要報仇雪恨，重整河山，再造強盛

的燕國。但自知國家弱小，地域偏僻，與齊國力量對比懸殊，真不知該從哪裡著手，就去諮詢老臣郭隗（音ㄨㄟ），請他幫助招賢納士。

郭隗講了「千金買馬骨」的故事：有一個國君想以千金買千里馬，派出去的人卻買回已死的千里馬頭骨。消息傳開，人們都知道國君是真的喜歡好馬，所以不到一年，就有3匹千里馬送上門來。

燕昭王心領神會。他特意讓人造了一座高台，上面放了大量黃金，聘請天下有才能的賢士。他把郭隗當作第一個招到的賢士，拜他為師，恭敬異常。各國的賢士聽說燕昭王重視人才，不惜重金廣招人才，紛紛從四面八方趕到燕國來。這裡面有一個非常著名的人物，他叫樂毅。

樂毅原來在魏國做官，卻不怎麼受信任。燕昭王與他深談一次，覺得他是難得的人才，高興地拜他為亞卿，讓他掌管軍政大事。燕國在辛苦經營了近20年之後，國力逐漸恢復，兵強馬壯。燕昭王看到齊國潛在的危機逐漸暴露，便與樂毅商討如何征伐齊國。樂毅考慮到齊國地大人多，士兵能征善戰，僅靠燕國自己的力量是難以攻破的，建議聯合其他國家一同攻齊。燕昭王贊成樂毅的意見，派樂毅去聯絡與齊國有仇的趙國、韓國、魏國和秦國，和他們建立了統一戰線。

樂毅回來稟報燕昭王後，燕昭王見時機成熟，便任命樂毅為上將軍，統領全國軍隊。於是，以燕軍為主力的五國大軍，在樂毅的指揮下，殺氣騰騰地奔向了齊國。

五國大軍氣勢洶洶而來，齊國人的抵抗就像雞蛋碰石頭一樣。趙國和魏國收回了以前被齊國奪去的土地，與韓國、秦國一起勝利回師。樂毅率領燕國軍隊繼續在齊國東征西殺，僅半年時間，竟接連攻佔了70多座城池，包括齊國的都城臨淄。齊王連夜逃跑，後來死在衛國。這時如果連莒城和即墨城也被樂毅攻下來，齊國就徹底滅亡了。

可是，即墨城裡的一個能人使燕國和齊國的形勢又發生了重大變化。

這個人叫田單，原來只是齊國的一個小官。當樂毅的軍隊疾風一樣攻克臨淄時，城裡的人們爭相逃命。可是，那時的車子車軸向兩旁突出，占道寬，又容易被卡住。逃難時人人驚恐爭先，車軸便被撞來刮去，誰也跑不快，最後都做了燕軍的俘虜，只有田單一家順利地跑掉了。原來田單早把家裡的車軸都鋸平了，還在容易損壞的地方包了鐵片，而且不怕衝撞。靠著這點巧思，田單領著家人逃出臨淄，逃到了即墨城。

這時，即墨城的守臣死了，沒有人委派新的官吏，於是城裡人共同推舉田單為將軍。田單很有智謀，他知道樂毅善於打仗，不能硬拚，就囑咐軍民嚴守城池，等待時機。燕軍好久也沒有攻下即墨，於是樂毅改變策略，下令解圍，調動軍隊在離城九里的地方紮營，同時命令屬下對出城的百姓不准抓拿，對進城的百姓施行救濟。樂毅還廢除齊國的殘暴法令，優待齊國的投降官員，想以安撫的策略來瓦解齊國軍民的鬥志。

然而，3年過去了，即墨城還是沒有被攻下。

不久，燕昭王病死，燕惠王即位。田單等待的時機終於來了。他打聽到燕惠王在當太子時與樂毅有矛盾，就派間諜到燕國去散佈謠言，說莒城和即墨城久攻不下，是樂毅故意等待時機，收買人心，有心在齊國稱王。又說齊國人一點都不怕樂毅，就怕派別的將領來。

燕惠王本來就不信任樂毅，聽到這些謠言，信以為真，於是派心腹大將騎劫代替樂毅，並召樂毅回國。樂毅知道燕惠王不懷好意，就去投奔了趙國。

燕國將士都很擁護樂毅，見他無故被撤去職務，都忿忿不平，士氣漸漸低落下去。

田單得到消息，決計找時機反攻。

為了動搖燕軍軍心，田單讓人們在院裡擺設飯菜祭祀祖先。空中的飛鳥看見好吃的，紛紛來啄食。於是他就派人出城，謊說城裡有天神下降，所以飛鳥都來了。燕軍看見飛鳥天天聚集城中，以為有天神助齊，心裡不覺害怕起來。接著，田單讓人放出話去，說：「我們最怕燕軍割掉俘虜的鼻子，再逼他們上陣作戰，那樣即墨就守不住了。」騎劫立功心切，也沒好好想想，就真的這樣做了。城裡人看見當了燕軍俘虜的都被割去鼻子，又憤怒又害怕，更加頑強守城，寧死也不肯被燕軍捉去。

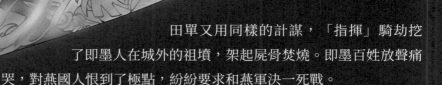

　　田單又用同樣的計謀，「指揮」騎劫挖
了即墨人在城外的祖墳，架起屍骨焚燒。即墨百姓放聲痛
哭，對燕國人恨到了極點，紛紛要求和燕軍決一死戰。

　　田單見軍民鬥志都被鼓舞起來了，就決定做最後的反攻。他派人去見騎劫，
說：「即墨缺糧少兵，守不住了。守將田單請求向燕軍投降。」騎劫喜出望外，
馬上和來人約定了受降日期。田單還派幾個有錢人拿金子去賄賂燕軍將領，請他
們進城後保護自己的家屬。燕軍再不懷疑，連戒備都放鬆了。

　　這時，田單已經搜集到1000多頭黃牛。他在牛身上披了大紅綢子，上面畫
著五顏六色稀奇古怪的花紋，在牛角上綁了尖刀，牛尾巴上紮了浸透了油的蘆
葦。他又精心挑選了5000士兵，讓他們身穿花衣服，塗著五色鬼臉，手持尖刀跟
在牛後面。到了晚上，田單命令點燃牛尾巴上的蘆葦，打開城門。黃牛被燒得又
痛又怒，發狂奔跑，直衝燕軍大營。牛尾上的火花照得四處通明。燕軍從睡夢中
驚醒，見到處都是花花綠綠的怪物，凡是被它們碰著的，不死也傷。這時，怪物
後面的五千精兵跟著衝殺過來，即墨城中的老人、婦女也都敲打銅器，大聲喊
殺。燕軍嚇得趕快四散逃命，就在這混亂中騎劫被殺死了。

　　田單指揮軍隊乘勝追擊，把燕軍全部趕出了齊國領土。失去的城
池都收復了，幾乎滅亡的齊國又奇蹟般地恢復了。

將相和

戰國後期，秦國的力量越來越強大，在對外關係中也占盡了便宜。可是趙國的一個小人物卻讓秦國丟了臉。這個人就是藺相如。

西元前283年，趙惠文王得到了名貴的和氏璧。秦昭王聽說了，特派使者帶信給趙惠文王，說願用15座城交換和氏璧。趙惠文王覺得為難：答應呢，怕秦國得了玉璧不給城；不答應呢，又怕秦國藉口出兵來打。他左思右想拿不定主意，決定先派人去探聽秦王的誠意。

派誰去才合適呢？

這時，一個宦官開口：「我的門客藺相如有勇有謀，可以出使秦國。」趙惠文王沒有別的辦法，就召來藺相如，問他有什麼好主意。藺相如說：「秦強趙弱，不能不答應。不答應，是趙國理虧；秦國得了玉璧卻不給城，是秦國理虧。寧可答應他們，讓他們理虧。我

願為大王出使秦國。秦
國給了城，我把玉璧留下；他們
不給城，我一定完璧歸趙。」
藺相如到了秦國，將和氏
璧呈現給秦王。秦昭王
接過玉璧一看，果然
是天下無雙。他翻來覆去欣賞了半天，
又遞給身旁的美女和侍臣觀看，始終不
提給城之事。藺相如見秦王沒有給城
的意思，就上前行禮，「玉璧其實還是
有點小毛病，讓我指給大王看。」秦王
信以為真，把玉璧遞給他。相如拿到
玉璧，後退幾步，靠著宮殿的柱子，
大聲說：「和氏璧是天下至寶。大
王說願意用15座城交換，趙國雖然
不願意，但怕傷了兩國的和氣，還是
讓我送了過來。可大王態度傲慢，
又沒有給城的意思，我只好要回玉璧。
大王若要是逼迫我，我寧可讓玉璧和我的
腦袋一起撞個粉碎！」說完舉起玉璧，
就要向柱子撞去。

　　秦王連忙陪著笑臉勸阻，又讓人
拿來地圖，說明把哪些城池割給趙國。
藺相如知道秦王不過是在做樣子，就推說趙王送璧時曾經齋戒5天，表示誠意，要秦王也
齋戒5天後受璧。秦王不能硬奪，只好答應。相如回到賓館，立刻派隨從穿著破爛衣服，
帶著玉璧走小路逃回了趙國。等秦王齋戒5天，在朝廷上舉行受璧儀式時，相如卻說：
「我已經把玉璧送回趙國了。秦國強大，趙國弱小，大王只要先把15座城池給了趙國，
趙國哪敢不給和氏璧？我知道欺騙大王有罪，請大王治我的罪吧！」

秦王氣得目瞪口呆，又不想落個殺害別國使臣的惡名，只好放了藺相如。

可是秦王咽不下這口氣。幾年後，他又約趙王在澠（音 ㄇㄧㄢˊ）池相會，想趁機羞辱一下趙王，以解心頭之恨。趙惠文王害怕秦王會對自己不利，可藺相如和大將廉頗都認為不能向秦國示弱。只要作好準備，料想秦國也不敢怎麼樣。於是，趙王便帶著藺相如，冒險去赴會，留廉頗在國內輔佐太子，以便能夠隨時應付變亂。

趙惠文王趕到澠池時，秦昭王早已擺好酒席。酒興正濃時，秦王借著酒意，說：「聽說趙王愛好音樂，瑟彈得很棒。我這裡有個寶瑟，請趙王彈奏一曲，助助酒興吧。」趙惠文王不便推辭，只得彈了一曲。秦國史官立刻上前，在史書上寫下：「某年某月某日，秦王和趙王會飲，令趙王彈瑟。」寫完又大聲念了一遍。趙王羞憤交加。

相如見秦王如此無禮，存心侮辱趙國，就順手拿起一個瓦盆，跪在秦王面前，說：「聽說大王善於演奏秦國的本地樂器，請在這個盆上敲個曲子吧。」秦王立刻沉下臉去，不肯敲擊。藺相如圓睜兩眼，大聲說：「大王想仗著秦國強大欺負趙國嗎？你若不敲，五步之內，我可以把自己的血濺到大王身上，與大王同歸於盡！」秦王的侍臣想殺相如，相如大喝一聲，侍臣們怕相如傷到秦王，嚇得退後幾步。秦王驚慌了，說：「先生不必這樣。大家歡樂，寡人就擊一下吧！」說完，十分勉強地拿起筷子，敲了敲瓦盆。相如馬上讓趙

國史官記下：「某年某月某日，趙王命秦王敲瓦盆。」寫完，也大聲念了一遍。

　　秦國大臣見秦王不但沒有出氣，反而又傷了體面，就挑釁說：「今日盛會，請趙王割15座城池給秦王祝壽。」相如馬上還擊：「禮尚往來，請秦王割讓都城咸陽給趙王祝壽。」就這樣你來我往，席上一時氣氛緊張，雙方相持不下。

　　這時秦王又得到哨兵密報，說趙國大將廉頗已經在邊界上部署了軍隊，秦王暗暗吃了一驚，不得不緩和了態度。

　　直到宴會結束，秦王也沒佔到一點便宜，但又不敢輕舉妄動，最後只好和趙國簽訂了互不侵犯條約。

　　藺相如以他的「三寸不爛之舌」和機智勇敢，又一次維護了趙國的尊嚴。

　　藺相如立了大功，回國後趙惠文王拜他為上卿，地位在廉頗之上。廉頗很不服氣，說：「我為趙國出生入死，有攻城野戰

的大功。他藺相如不過靠那一張巧嘴，職位卻在我之上。難道我的汗馬功勞，比不上藺相如那張小小的嘴皮子嗎？我真感到恥辱！」還揚言說：「若碰到藺相如，我要當面羞辱他！」

藺相如知道廉頗的心思後，處處迴避他，連早朝都裝病不去。有時兩人的車要碰面了，相如就會趕緊讓車夫拐進小胡同，給廉頗讓路，等廉頗過後才出來。相如的門客都有些看不過去，先是偷偷議論，後來竟一起找到相如說：「我們遠離家鄉，投奔到您門下，是因為仰慕您的為人和品格，敬佩您的膽識和勇氣。而今您竟然如此害怕廉將軍，像老鼠怕貓一樣膽怯，我們為您感到羞恥。我們不願再受這份窩囊氣了，今天特來向您告辭！」

藺相如笑了笑，問他們：「你們說說看，廉將軍和秦王比，誰更厲害？」

門客們答道：「那還用說，當然是秦王厲害。」

相如說：「你們想，秦王那樣大的威勢，我都敢當面斥責他，怎麼會單單怕廉將軍呢？秦國一直想把趙國變成它的領土，之所以不敢攻打趙國，就是因為有我和廉將軍兩人在啊！我們兩個同心團結，秦王才不敢輕舉妄動。一旦我和廉將軍紛爭起來，就會給秦國有可乘之機。秦國一旦攻打趙國，我們必然敗亡。那我就會上愧於國君，下愧於臣民，成為罪人。我這樣忍讓，就是把國家利益放在前，把私人恩怨放在後啊！」眾人聽了，無不為相如的情操所感動。

這些話很快傳到了廉頗耳朵裡。廉頗仔細一想，覺得是自己的錯，非常慚愧。他又是自責，又是懊喪，十分難過。於是脫光上衣，背著荊條，親自到藺相如家謝罪：「我是一個見識粗淺的人，心胸狹窄，私心太重，只顧論功爭權，幸虧你這樣寬宏大量，以大局為重。我實在對不起你。今天特來向你請罪，請你用這荊條重重責打我吧！」說著跪倒在地。

藺相如連忙扶起廉頗，說：「將軍千萬別這樣。您能體諒我的苦心，我已經感激不盡，哪裡還敢要您賠禮呢？我倆都是國家大臣，以後還須團結一心，共同為國家出力呀！」

從此，藺相如和廉頗兩人成為生死與共的好朋友，他們一文一武，同心協力保衛趙國，使秦國很長一段時間不敢打趙國的主意。

西元前238年，年輕的秦國國王嬴政終於親自掌握了國家大權，這時秦國已經是「戰國七雄」中最強大的國家。嬴政倚仗秦國強大的經濟、軍事力量，一心想消滅東方六國，以實現獨霸天下的宏願。

西元前230年，秦國滅掉了韓國，兩年後滅亡趙國，接著揮師北上，直逼燕國。

燕國人知道大難就要臨頭了，可是自己國力衰弱，根本沒有力量抵抗秦國的進攻，怎麼辦？燕國太子丹原本在趙國做人質，眼見國家有難，心裡十分著急，就找機會逃回燕國。

為了挽救國家的危亡，他決心找大智大勇的人刺殺秦王嬴政，打擊秦國。

事關重大，選人務必合適，計劃必須周密，還不能讓消息洩露出一絲一毫。太子丹思來想去，認為只能跟自己的老師鞠武商量。鞠武不贊成如此冒險，怕刺殺不成，反招來更大的災難。可太子丹態度十分堅決，鞠武只得推薦了智謀過人的田光。田光這時已經70歲，就算是有勇有謀，也難以擔當如此重任。在太子的請求下，田光又推薦了一個叫荊軻的人，說此人沉著機智，喜怒不形於色，是個能成就大事的勇士。

荊軻刺秦王

　　太子丹喜出望外，把荊軻請來，對他說：「燕國危在旦夕。我想找個勇士，帶份貴重禮物去見秦王，趁機劫持他，逼他把侵佔的土地還給各國。他要是不答應，就當場刺殺他。秦國群龍無首，必然陷於混亂。這樣，各國就有機會聯合起來，打敗它了。不知先生是否願意擔當這個重任？」

　　荊軻沉思了好一會兒，回答說：「這是國家大事，我愚笨無能，恐怕擔當不起。」

　　太子丹見荊軻身材高瘦，氣宇軒昂，舉止不凡，心裡早已認定只有他才能完成行刺秦王的重任。於是，對他說：「承蒙田先生推薦，才能得以見到先生。如今，秦國肆意侵吞別國的土地。現在我們燕國已失掉了好幾座城池，眼看江山難保，民不聊生，我真是食不甘，睡不眠呀。請先生不要推辭。」荊軻終於答應：「此等重任，關係國家生死存亡，我能受到太子的信任，定當赴湯蹈火，死也心甘情願。」太子十分高興，隨即拜荊軻為上卿，讓他在宮室裡住下，進行出發前的準備。

　　不久，秦國軍隊開始進攻燕國的南部邊境。太子丹非常著急，催促荊軻趕快行動。荊軻說：「我正想跟太子商量。要接近秦王，必須有足夠的理由取得他的信任。秦國一直想得到燕國最富饒的督亢一帶地方，還有，秦國有個叫樊於期的叛將，逃亡在燕國，秦王對他恨之入骨，懸賞千金捉拿他。太子如果讓我拿著督亢的地圖和樊於期的人頭，秦王一定很高興接見我，那樣，我就有辦法報答太子的恩情了。」

　　太子丹為難地說：「督亢地圖好辦，但樊將軍在秦國受到迫害，走投無路才來投奔我，我怎麼忍心殺他？請先生再想想別的主意。」

樊於期由於得罪了秦王政，就逃到了燕國，投奔太子丹。當時許多人都勸太子丹不要收留他，可太子丹不但留下他，還任命他為將軍。秦王政知道後，大為惱怒，他下令懸賞千金以求樊於期的人頭。

荊軻理解太子丹的心情，就背著太子丹去見樊於期，說：「秦王殺光了將軍的家族，又用重金購買將軍的腦袋，將軍不想報仇嗎？」樊於期流淚說：「作夢都想啊！只是想不出好辦法。」荊軻說：「我有個辦法，既可以解除燕國的憂患，又能為將軍報仇雪恨，只是難以開口。」樊於期說：「我一想到暴虐的秦王，就怒火滿腔。只要能報仇，我就是粉身碎骨也願意。」荊軻這才講了自己的計劃。樊於期聽罷一愣，隨即拔出劍來，往脖子上一橫，一股殷紅的鮮血噴灑了滿地，這個七尺高的漢子再也站不起來了。

太子丹聽說樊於期已死，急忙跑到樊於期的住處，趴在他的屍體上大哭一場，然後厚葬他的屍身，把他的頭裝在一個錦匣裡封好，交給了荊軻。太子丹還為荊軻準備了一把鋒利的匕首，這把匕首在毒藥裡浸過，只要被它劃出一絲血，那人就必死無疑。荊軻說還要找一個助手，太子丹道：「燕國有個勇士，叫秦舞陽，13歲就殺過人，就讓他陪先生去吧。」

荊軻動身的那天，太子丹和一些朋友穿戴白衣白帽，為他送行。一直送到燕國的南部國境易水邊。水流嘩嘩，秋風颯颯，太子丹擺下餞行酒，荊軻一連喝了三大碗。這時荊軻的好朋友高漸離彈起了一種叫「筑」的樂器，荊軻和著音樂放聲高歌：

風蕭蕭兮易水寒，

壯士一去兮不復還。

慷慨悲壯的歌聲隨著呼嘯的寒風傳出很遠很遠。送行的人都失聲痛哭。荊軻昂首迎風，站立在飛奔的馬車上，頭也不回地遠去了。

聽說燕國送來了樊於期的人頭和督亢的地圖，秦王高興極了，用最隆重的禮節來接見燕國使臣。

這一天，咸陽宮中的文武大臣無一缺席。宮內宮外，重兵把守，戒備森嚴。荊軻手捧裝著樊於期人頭的錦匣，秦舞陽捧著裝地圖的木匣，一前一後地走進秦宮。將要上大殿臺階時，秦舞陽看到秦國殿堂的威嚴氣勢，竟嚇得臉色慘白，直打哆嗦，引起了秦國大臣的懷疑。荊軻回頭看了看，從容地笑著對秦王說：「我們偏僻地方的粗人，沒見過世面，所以嚇成這樣。請大王多多原諒。」秦王有些不放心，說：「叫他在下面等著，你把兩樣東西獻上來！」

荊軻只好獨自上殿，先呈上樊於期的人頭。秦王驗看真確，不禁大笑幾聲。荊軻又將地圖呈放在秦王面前的案台上。說：「請大王過目。」秦王慢慢將地圖一點點展開，仔細地看著……突然，一把寒光閃閃的匕首露了出來！秦王大吃一驚，還不及反應過來，荊軻一個箭步衝上前，左手拉住秦王的一邊衣袖，右手便抓起匕首刺了過去。秦王使勁閃躲，扯斷了袖子，趕忙拔腿奔逃。荊軻緊追不放，又一把扯住了秦王的衣角，他揮手砍去，可惜只砍下一塊布。秦王想趁機拔出隨身佩帶的劍，但是劍身太長，又心慌手抖，一時拔不出劍鞘，眼見荊軻已追了上來，他只好繞著宮殿中巨大的柱子奔跑躲避。

　　滿朝文武大臣都被這突然而起的變故嚇呆了！按照秦國的制度，大臣上殿不許帶武器，衛士沒得到國君的命令也不准進殿，所以大家只能眼睜睜看著荊軻圍繞著柱子追趕秦王，心都提到了嗓子眼兒。

　　在這千鈞一髮之際，一個機靈的人喊道：「大王，把劍推到背後，從頭上往外拔！」秦王不及多想，依言而行，果然成功把劍拔了出來。荊軻一見不好，馬上挺身刺過去。秦王的醫生見情況緊急，慌忙扔出手裡的藥袋，袋子恰好打中荊軻的胳膊，使那匕首刺歪了。秦王趁機揮劍向荊軻斬去，砍斷了他的左腿。

　　荊軻倒在地上，把匕首向秦王狠狠丟去。秦王一閃，匕首從耳邊劃過，飛到銅柱上，迸發出點點火星。秦王氣急敗壞，舉劍向荊軻猛刺。荊軻身負8處重傷，靠著柱子，還在笑罵：「我今天不成功，是因為想劫持你，逼你退還侵佔的土地……」

　　英勇無畏的荊軻就這樣被殺死了。

　　驚魂未定的秦王怒不可遏，立刻派兵進攻燕國，很快就攻下燕都薊城（今河北薊縣）。燕王喜只得殺了太子丹，向秦王謝罪求和。可是5年之後，燕國依舊被滅掉了。

　　秦王嬴政最終掃平六國，統一了天下。

圖說歷史故事 — 先秦

編　　寫	陳金華	
繪　　畫	楊學成	
發 行 人	林敬彬	
主　　編	楊安瑜	
策　　劃	康　琳、胡　剛	
編　　輯	蔡穎如、黃珍潔、盧琬萱、林奕慈	
內頁編排	泰飛堂設計	
封面設計	泰飛堂設計、蔡致傑	
編輯協力	陳于雯、林裕強	
出　　版	大旗出版社	
發　　行	大都會文化事業有限公司	
	11051 台北市信義區基隆路一段 432 號 4 樓之 9	
	讀者服務專線：（02）27235216	
	讀者服務傳真：（02）27235220	
	電子郵件信箱：metro@ms21.hinet.net	
	網　　　　址：www.metrobook.com.tw	
郵政劃撥	14050529 大都會文化事業有限公司	
出版日期	2019 年 03 月修訂初版一刷	
定　　價	320 元	
I S B N	978-986-96561-5-3	
書　　號	History-99	

Metropolitan Culture Enterprise Co., Ltd.

4F-9, Double Hero Bldg., 432, Keelung Rd., Sec. 1,

Taipei 11051, Taiwan

Tel:+886-2-2723-5216　Fax:+886-2-2723-5220

E-mail:metro@ms21.hinet.net

Web-site:www.metrobook.com.tw

國家圖書館出版品預行編目（CIP）資料

圖說歷史故事：先秦 / 陳金華編寫；楊學成繪畫 .
-- 修訂初版 -- 臺北市：大旗出版：大都會文化發行，2019.03
128 面；17×23 公分 . -- (History-99)
ISBN 978-986-96561-5-3(平裝)

1. 中國史 2. 歷史故事

610.9　　　　　　　　　　　　　　　　　107013833

大都會文化　讀者服務卡

書名：圖說歷史故事－先秦

謝謝您選擇了這本書！期待您的支持與建議，讓我們能有更多聯繫與互動的機會。

A. 您在何時購得本書：_____年_____月_____日

B. 您在何處購得本書：_____書店，位於_____(市、縣)

C. 您從哪裡得知本書的消息：
　1.□書店　2.□報章雜誌　3.□電臺活動　4.□網路資訊
　5.□書籤宣傳品等　6.□親友介紹　7.□書評　8.□其他

D. 您購買本書的動機：（可複選）
　1.□對主題或內容感興趣　2.□工作需要　3.□生活需要
　4.□自我進修　5.□內容為流行熱門話題　6.□其他

E. 您最喜歡本書的：（可複選）
　1.□內容題材　2.□字體大小　3.□翻譯文筆　4.□封面　5.□編排方式　6.□其他

F. 您認為本書的封面：1.□非常出色　2.□普通　3.□毫不起眼　4.□其他

G. 您認為本書的編排：1.□非常出色　2.□普通　3.□毫不起眼　4.□其他

H. 您通常以哪些方式購書：(可複選)
　1.□逛書店　2.□書展　3.□劃撥郵購　4.□團體訂購　5.□網路購書　6.□其他

I. 您希望我們出版哪類書籍：（可複選）
　1.□旅遊　2.□流行文化　3.□生活休閒　4.□美容保養　5.□散文小品
　6.□科學新知　7.□藝術音樂　8.□致富理財　9.□工商企管　10.□科幻推理
　11.□史地類　12.□勵志傳記　13.□電影小說　14.□語言學習（____語）
　15.□幽默諧趣　16.□其他

J. 您對本書(系)的建議：
_____

K. 您對本出版社的建議：
_____

讀者小檔案

姓名：_____　性別：□男 □女　生日：____年____月____日

年齡：□20歲以下 □21～30歲 □31～40歲 □41～50歲 □51歲以上

職業：1.□學生 2.□軍公教 3.□大眾傳播 4.□服務業 5.□金融業 6.□製造業
　　　7.□資訊業 8.□自由業 9.□家管 10.□退休 11.□其他

學歷：□國小或以下 □國中 □高中／高職 □大學／大專 □研究所以上

通訊地址：_____

電話：（H）_____　（O）_____　傳真：_____

行動電話：_____　E-Mail：_____

◎謝謝您購買本書，歡迎您上大都會文化網站（www.metrobook.com.tw）登錄會員，或至 Facebook（www.facebook.com/metrobook2）為我們按個讚，您將不定期收到最新的圖書訊息與電子報。

圖說歷史故事

先秦

北 區 郵 政 管 理 局
登記證北臺字第9125號
免 貼 郵 票

大 都 會 文 化 事 業 有 限 公 司

讀 者 服 務 部 收

11051臺北市基隆路一段432號4樓之9

寄回這張服務卡〔免貼郵票〕
您可以：
◎不定期收到最新出版訊息
◎參加各項回饋優惠活動